KB161509

인생의 고비에서 망설이게 되는 것들

인생의 고비에서 망설이게 되는 것들

이영만 지음

페이퍼로드
paperroad

서문

삶의 갈림길에서 후회 없는 선택을 갈망하는 그대에게

길은 많고도 많죠.

두 갈래, 세 갈래, 그리고 셀 수 없는 수많은 길이 있습니다. 어느 길로 갈까가 언제나 고민이죠. 고생길일 수도 있고 돌아가지 않을 수 없을 때도 있기 때문입니다. 하지만 사실 그게 그겁니다. 어느 길이나 크든 작든 언덕도 있고 강물도 있고 흙탕길도 있으니까요. 길은 다시 합쳐지기도 합니다.

짙은 안개 속이죠.

한 치 앞 내다보기가 힘듭니다. 인생길은. 그러니까 사람인 거죠. 분명 갈 수 있다는 것을 알지만 뚜렷하게 보일 땐 많지 않습니다. 그렇다고 머뭇거릴 수는 없죠. 끊임없이 앞으로 나아가는 것이 태어난 모든 자들의 숙명이니까요. 가다 보면 보이고 또 다음을 향해 갈 수 있습니다.

늘 나만 힘든 건 아니죠.

산마루를 넘는 것. 그게 우리네 삶이 아닌가요. 오르막은 심하고 좌우 어느 쪽이든 비탈이니까요. 어느 쪽을 택해도 미끄러지긴 마찬가지입니다. 당연히 힘들죠. 나뿐 아니라 그 누구라도. 이런 곳에선 도저히 살아남을 수 없다고 투덜대지 않아도 됩니다. 누구나 몇 번은 떨어져야 넘습니다.

살다보면 다 살아지는 것이죠.

못 견디게 괴로웠던 일도, 도저히 탈출구가 없는 것처럼 보였던 일도 어느 날엔가는 허허 웃으며 넘기게 됩니다. 그럴 수 있을까 싶지만 묘하게도 참 그렇습니다. 지내놓고 보면 만 가지 근심, 걱정이 다 그렇게 부질없는 것이었습니다. 하지만 그런 걸 다 어찌 알겠습니까. 죽을 때까지 살아보지 않았으니.

산다는 건 선택의 연속일 겁니다. 아주 사소한 일에서부터 매우 중요한 일까지 우리는 매순간 결정하고 선택해야 합니다. 그래서 인생은 곧 선택이라고도 하지만 그렇다고 해서 선택의 고민 속에서 허우적거릴 필요는 없겠지요. 굳이 선택하지 않아도 될 것들이 훨씬 더 많기 때문입니다. 내 삶의 목표에서 반드시 결정해야 하는 큰 것 몇 가지, 내 삶의 가치에서 중요한 한두 가지, 그리고 뜻하지 않게 마주치게 되는 고비에서 망설이게 되는 것들 정도가 심각하게 고민해야 할 전부가 아닌가 생각합니다. 더러는 무심코 내린 아주 작은 결정이 먼 훗날 중요하게 작용하는 경우도 있지만 그것까지 우리가 어찌할 수 있겠습니까.

선택은 괴로움일 수 있습니다. 결과를 책임져야 하기 때문입니다. 하지만 선택할 수 있다는 것은 꽤 괜찮은 권리입니다. 새는 앉을 곳을 선택하지만 나무는 앉힐 새를 선택하지 못하고, 나비는 앉을 꽃을 선택하지만 꽃은 앉힐 나비를 선택하지 못하는 것이니 선택은 가슴 뛰는 즐거움이 아닐까 싶습니다.

인생은 길다고도 하고 짧다고도 하지만 살아온 날은 언제나 짧게 느껴집니다. 수십 년을 살았다고 해도 반추해보면 한 순간입니다. 길게 생각 좀 해보자고 해도 머릿속에선 몇 분도 채 안 걸리는 듯합니다. 남은 날들은 꽤 긴 것 같지만 그 역시 지나고 보면 마찬가지이겠지요. 그렇게 보면 인생은 짧은 것이고 그렇다면 인생의 선택에서 의미 있는 것은 그 길이가 아니라 값어치일 겁니다.

무엇이 될까가 아니라 어떻게 살까를 고민해야 합니다.
쉬운 길 보다는 힘든 길을 생각해야 합니다.
보다 많이 갖는 것보다 보다 적게 바라는 것이 행복할 겁니다.
남의 평가보다는 내 마음을 따르는 것이 현명합니다.

우리네 인생이 정답이 정해진 사지선다형이 아니어서 참 다행입니다.

2011년 가을의 문턱에서
이영만

차
례

뱀처럼 지혜롭게 선택하라

"빠르기는 바람과 같을 것이며, 쳐들어가고 빼앗는 것은 불길과 같아야 한다. 움직이지 않을 때는 산과 같고, 알 수 없기로는 어둠과 같으며, 움직임은 천둥과 벼락과 같아야 한다."

소처럼 우직하게 걸어가라

"자기 자신이 정말 원하는 선택이고 그것이 정말 잘되기를 바란다면 선택에 기울인 노력, 그 이상으로 노력해야 한다. 무엇인가를 고른다는 것, 선택은 끝이 아니라 시작이다."

4장 후회 없는 선택을 낳는 7가지 태도

"선택이 절반이다. 아니 그 이상이다. 선택하는 순간 이미 상황은 시작된다. 어떤 경우든 선택은 그래서 매우 중요하고 후회 없는 선택이 되도록 세심하게 고려해야 한다."

5장 선택을 성공으로 이끄는 실행전략

"어떤 선택이든 일단 결정했으면 다음 단계는 자신의 선택을 성공으로 이끄는 일이다. 처음부터 강하게 밀어붙여야 할 경우도 있고 때를 보며 서서히 진행해야 할 경우도 있다. 어떤 경우든 나름의 전략이 필요하다."

6장 뻘짓을 하는 사람들의 7가지 습관

"무엇이든지 일을 할 때는 진심으로 전력투구해야 한다. 천 길 낭떠러지 위의 외나무다리를 걷는 것처럼. 한 발만 삐끗하면 큰일이 나는데 그 순간에 딴 생각 하는 사람은 없다. 마지막 한 걸음을 남겨놓고 떨어져도 결과는 마찬가지다."

프롤로그

인생은 BCD다

왕은 번민에 빠졌습니다. 이름 꽤나 알려진 학자들과 토론을 벌였으나 어느 누구도 마음에 쏙 드는 답을 내지 못했습니다. 그럴싸하지만 늘 뭔가 한 가지는 빠진 듯한 허전함이 있었습니다. 왕은 다음의 화두를 필생의 과제로 삼고 신하들에게 그 답을 제출하라는 지시를 내렸습니다.

'인생이란 무엇인가?'

왕의 명령을 받은 신하는 각 분야의 전문가들을 모았습니다. 어떻게 하다 보니 모여든 학자가 백여 명에 이르렀습니다. 완벽을 기하기 위해 철학자는 물론이고 수학, 물리학, 어학에다 기술과 예술 분야의 전문가들까지 포함시켰기 때문입니다.

'인생 팀'은 이내 작업에 들어갔습니다. 과연 인생은 어려웠습니다. 처음에는 그리 어렵지 않을 것이라고 생각했지만, 연구하고 토론할수록 더욱 어려워졌습니다. 밤을 꼬박 새우며 수없이 많은 나날을 보냈지만 나름의 생각이 다 틀려서 정의를 내릴 수 없었습니다. 갑론을박에 백가쟁명이었습니다.

그래도 시간이 흐르자 조금씩 이야기들이 모아지기 시작했습니다. 학자들은 하나하나 정리하면서 나온 것들을 서술식으로 총망라했습니다. 다양한 의견을 들려주는 것이 좋을 것 같아서였습니다.

1년이 가고 2년이 지나갔습니다. 책도 점점 두꺼워졌습니다. 백여 명의 학자가 오직 그 일만 하면서 10여 년의 세월을 보낸 끝에 마침내 열 권의 책이 탄생했습니다. 수천 페이지에 수십만 자로 엮여진 역사상 최고의 책이었습니다. 책을 앞에 둔 학자들은 인생이 제아무리 대단하다 해도 결코 그 책에 서술된 내용을 빠져나갈 수 없을 것이라며 뿌듯해했습니다.

학자들은 책을 나누어 들고 왕에게 나아갔습니다. 입이 떡 벌어질 정도의 책을 보면서 왕은 말했습니다.

"많은 고생을 했다. 하지만 짐은 그 사이 몸도 약해지고 눈도 침침해져서 그 책들을 다 읽을 수가 없다. 그러니 절반 정도로 줄여오도록 하라"

힘든 작업이 다시 시작되었습니다. 그 사이에 몇몇 학자들도 병약해져 필진을 교체하기도 했습니다. 처음보다는 쉬웠지만 줄이는 일 역시 만만치 않았습니다. 편하게 뺄 만한 내용이 없었기 때문입니다.

빼고 넣고 다시 빼는 소모적인 작업을 되풀이한 끝에 다섯 권으로 줄였습니다. 그 사이 또 10년의 세월이 흘렀습니다. '이번에는' 하고 왕에게 갔지만 왕은 이번에도 퇴짜를 놓았습니다. 10년 전만 해도 다섯 권 정도는 충분히 읽을 수 있었지만, 이젠 그것도 어림없을 정도로 몸이 약해진 탓이었습니다. 왕은 다시 한 권으로 정리하라고 했습니다.

학자들도 많이 쇠약해졌습니다. 하지만 왕이 더 약해지기 전에 책을 만들기로 마음먹고 일에 박차를 가했습니다. 덕분에 불과 1년 만에 축약본이 완성되었습니다. 그러나 왕은 이미 한 페이지도 읽기 힘든 상황이었습니다. 임종을 앞에 두고 있었습니다. 왕은 가쁜 숨을 몰아쉬며 물었습니다.

"인생은 무엇인가?"

"인생이란 태어나서 살다가 죽는 것입니다."

대표 학자는 그렇게 말하며 눈물을 글썽였습니다. 왕의 죽음이, 그리고 학자 자신도 죽음을 향해 가고 있다는 사실이 슬퍼서가 아니었습니다. 그 한마디를 위해 20년간 정신없이 산 것이 허탈하기도 했고, 어찌 되었건 그렇게라도 결론을 내릴 수 있었던 것이 다행스럽기도 했기 때문입니다.

그들이 그렇게 가고 오랜 세월이 흐른 뒤에 태어난 프랑스의 실존주의 철학자 장 폴 사르트르는 그 방대한 열 권의 책에 가득 실렸으나 종국에는 단 한마디로 표현된 '살다가'를 '선택'이라고 정의했다.

"인생은 태어나서 죽는 것인데 그 사이에 선택이 있다."

요컨대 '인생=B-C-D'라는 것. 인생이란 '태어나서(Birth)' 크고 작은 수많은 '선택(Choice)'을 하고 그 결과에 따라 살다가 결국에는 모두 '죽는다(Death)'는 말이다. 이 세 단어 중에서 태어나고 죽는 일은 인간의 마음대로 되는 것이 아니므로 우리가 일생에서 할 수 있는 일이라곤 선택이라는 한 가지밖에 없다. 참으로 덧없지만 그래서 참으로 중요하다.

무엇을 선택하고 무엇을 버릴 것인가.

어떤 길을 가고 어떤 길을 가지 않을 것인가.

두 번 세 번 선택할 수 있다면 이것저것 해보고 그중 마음에 드는 것을 고를 수 있으련만, 우리에겐 단 한 번의 기회밖에 없다. 그러니 까다롭고 힘이 든다. 결단을 내려서 한 가지를 선택하지만 그것이 최상이 아닐 수 있듯, 버린 것 역시 나쁜 것이 아닐 수 있다. 설사 최상의 선택을 했더라도 역시 선택하지 않은 다른 한 가지에 대한 미련은 남는다. 100퍼센트 만족한 삶은 그 어디에도 없는 것이다. 그런 연유로 로버트 프로스트도 가지 않은 길에 대한 아쉬움 때문에 한숨을 내쉬었던 것이다.

가지 않은 길

로버트 프로스트(피천득 역)

노란 숲 속에 길이 두 갈래로 났었습니다.

나는 두 길을 다 가지 못하는 것을 안타깝게 생각하면서,

오랫동안 서서 한 길이 굽어 꺾여 내려간 데까지,

바라다볼 수 있는 데까지 멀리 바라다보았습니다.

그리고 똑같이 아름다운 다른 길을 택했습니다.

그 길에는 풀이 더 있고 사람이 걸은 자취가 적어,

아마 더 걸어야 될 길이라고 나는 생각했었던 게지요.

그 길을 걸으므로, 그 길도 거의 같아질 것이지만.

그날 아침 두 길에는

낙엽을 밟은 자취는 없었습니다.

아, 나는 다음 날을 위하여 한 길은 남겨두었습니다.

길은 길에 연하여 끝없으므로
내가 다시 돌아올 것을 의심하면서…….

훗날에 훗날에 나는 어디선가
한숨을 쉬면서 이야기할 것입니다.
숲 속에 두 갈래 길이 있었다고,
나는 사람이 적게 간 길을 택하였다고,
그리고 그것 때문에 모든 것이 달라졌다고.

프로스트의 한숨은 가지 않은 길을 갔더라도 마찬가지였을 것이다. 가지 않았기에, 다시 갈 수 없기에 쌓인 아쉬움이고 미련일 뿐이다.

흘러간 시간은 되돌려주는 법이 없다. 그날이 그날 같고 비슷비슷해서 그냥저냥 흘려보내지만 지금 이 순간은 전 생애를 통틀어 지금밖에 없다. 모자라고 잘못된 것을 채우고 도려낸 다음, 마치 처음인 것처럼 살 수 있다면 더 없이 좋으련만. 안타깝게도 그럴 수 없다는 걸 배우는 데 전 생애가 걸린다.

가지 않은 길, 가고 싶은 길, 가지 않는 길, 가야 할 길, 갈 수 없는 길, 가선 안 되는 길, 굽은 길, 바른 길, 혼자 가는 길, 함께 가는 길. 인생에는 수많은 길이 있다. 차라리 길이 하나라면 편할지도 모른다. 고민 없이 그 길만 열심히 가면 어쨌든 길은 어어질 테니까.

어제와 똑같은 길은 없다. 같은 듯한데 같지 않다. 좁은 길이 끝나면 넓은 길이 나온다. 때로는 좁은 길에 연이어 또 좁은 길이 나오기도 한다. 끝없는 오르막도, 영원한 내리막도 없다. 멀리 보이기도 하지만 한 치 앞을 내다볼 수 없을 때도 있다. 그 길은 한 치 앞, 한순간 앞을 알 수 없는 모호함의 연속이다.

인생길이 이처럼 야박하고 변화무쌍한데도 우리는 혼자서 꾸려가야 한다. 인생이란 무대의 주인공은 자기 자신이기 때문이다. 무대가 아무리 커도 모든 건 자신을 중심으로 돌아간다. 세상에서 가장 힘든 건 자기가 한 고생이다. 세상에서 가장 큰 고민은 지금 자기가 하고 있는 고민이다.

무대의 주인공이라곤 하지만 실상은 별 의미가 없다. 가족을, 사회를, 세상을 좌지우지할 수 없고 심지어는 자기 자신마저도 어쩌지 못한다. 조연이 있고 엑스트라가 있지만 그들이 나를 빛내기 위해 하는 일은 그다지 많지 않다. 그들도 돌아서면 나처럼 주인공이기 때문이다. 주인공이면서 조연이고 배우이면서 관객입니다.

내가 주인공인 무대, 결과를 책임져야 한다. 출생이라는 강요된 선택에 의해서 무대에 올라왔지만 그 무대에서 무엇을 할 것인지는 스스로 알아서 해야 한다. 특별히 역할을 받은 적이 없다. 뭘 하라고 지시하는 이도 없다. 무대에 선 그 순간부터 무대를 내려가는 마지막 순간까지 시종여일 그렇다. 열심히 할 것인지 대충 할 것인지, 큰 역을 맡을 것인지 작은 역을 맡을 것인지, 아주 세세한 것까지 하나하나 고르고 골라야 한다. 끊임없이 이어지고 나타나는 갈림길. 선택이 모든 걸 좌우한다. 무엇을 선택하고 어떻게 움직이느냐에 따라 모든 것이 달라진다.

1장

가슴이 시키면 지는 싸움이라도 해라

"머리는 눈앞의 이익을 우선 생각하지만 가슴은 사람의 길을 생각하게 한다. 보고 싶은 것만 보는 것을 경계하면 가슴이 시키는 선택을 할 수 있다."

이때라고 생각하면 올인하라

손정의의 과감한 배팅

부자는 웬만해선 올인 승부를 하지 않는다. 그것이 재산이든 명예든 힘이든 가진 사람들의 공통점이다. 이미 가진 것만으로도 충분한데 굳이 전무를 자초할 수도 있는 모험에 전부를 걸지는 않는다. 99퍼센트의 확률이 성공으로 가는 경우보다 1퍼센트의 위험이 100퍼센트의 실패로 끝나는 경우를 먼저 고려한다.

부자 몸조심. 늘 안전을 먼저 생각하고 승부를 걸어야 할 때도 머뭇거리지만 장사치라면 당연하다. 4년 임기를 걸고 한 판 싸움을 벌이는 선거판이라면 전력을 다 쏟아 부어야 하지만 비즈니스계의 승부는 단판 싸움이 아니라 장기 레이스이기 때문이다. 그래서 큰 싸움판의 생리를 동물적 감각으로 터득한 승부사 김영삼, 노무현에게 정주

영, 정몽준은 나가떨어질 수밖에 없었다. 김영삼, 노무현은 맞장을 뜨자고 할 때 퇴로를 생각하지 않지만 정주영 부자는 습관적으로 '졌을 때'를 먼저 고려하니 시작할 때 이미 결과가 나온 셈이다.

가진 것이 많은데도 그 전부를 걸고 도박을 하는 일은 재계에선 좀처럼 없다. 멍청한 사람이나 할 짓이지만 더러는 그런 멍청한 사람이 큰일을 이루기도 한다. 하지만 그럴 경우라도 그가 추구하는 것은 소유가 아니라 소중한 가치이다.

무작정 떠났다. 미국이었다. 한국계 일본인이 살아가기엔 일본은 너무 빡빡하기도 했지만 큰물이 아니면 이룰 수 없었다. 겨우 고등학교 1학년. 가족들이 말렸다. 때가 아니라고 했다. 학교에서도 붙잡았다. 굳이 가겠다면 돌아올 길을 생각해서 휴학하라고 했다. 하지만 기어코 퇴학을 자원했다. 스스로 끊어버린 퇴로였다. 모질지 못한 성격, 돌아올 길이 있으면 머물지 못하리라는 것을 알고 있었다. 손정의의 무모한 도전은 그렇게 시작되었다.

무섭게 공부했다. 완전히 미쳐서 돌아갔다. 그렇다 해도 그가 세운 인생설계와 목표는 도달할 수 없는 곳에 있었다.

20대에 이름을 알린다.

"가진 것이 많으면서도 전부를 걸고 도박을 하는 일은
멍청한 짓이지만
때론 멍청한 사람이 아니면
큰일을 이룰 수 없다."

30대에 천억 엔대의 사업자금을 모은다.

40대에 조 단위의 큰 승부를 건다.

50대에 사업을 완성한다.

하지만 불가능은 조금씩 가능의 영역으로 들어왔다. 아르바이트 삼아 한 일로 억대를 벌었다. 대학을 졸업하고 돌아온 일본에서 사업을 시작했다. 20대인 1981년 9월, 소프트뱅크 창업. 직원 두 명에 자본금 천만 엔. 직원들은 이내 그만두었다. 그가 내세운 '디지털 정보혁명'이 그에겐 뜨거운 열정이었으나 그들에겐 감당할 수 없는 광기였다. 자본금도 1개월만에 날렸다. 홍보비 8백만 엔 등으로. 직원들도 곧 그만두었다.

다행히 연이 닿아 돈도 벌고 제법 이름을 알렸다. 하지만 뜻하지 않게 찾아온 병마로 일을 놓아야 했다. 비난이 빗발치는 등 수년간 고난의 길을 걸었지만 몸을 추스른 30대, 다시 미국으로 향했다. 역시 큰물이 필요했다. 주식 상장으로 돈이 좀 되었다. 모두를 쏟아 부었다. 8백억 엔으로 세계 최대 규모의 정보통신 전시회인 컴덱스를 인수했다. 컴퓨터업계 최대 출판사인 지프데이비스를 2천 3백억 엔에 사들였다. 그리고 막 걸음마를 시작한 야후에 백억 엔을 넣어 최대주주가 되었다.

다시 제로가 되었지만 회사는 늘어났다. '미친 손정의'. 굳이 그럴 필요가 없음에도 전 재산을 몰아넣는 손정의를 보며 모두들 비웃었다. 하긴 누가 봐도 멍청한 짓이었다. 앞날을 내다보는 엄청난 혜안이 있는 것도 아니었으니까.

롤러코스트 같은 살림살이. 그러나 일이 되느라 인터넷 버블로 소프트뱅크 주식이 일주일에 1조 엔씩 올랐다. 하루 천억 대의 돈을 끌어 모으는 재산가. 아주 잠깐이지만 미국의 빌 게이츠를 제치기도 했다. 하지만 버블은 사라지는 법. 갑자기 주가가 떨어지면서 재산이 100분의 1로 줄어들었다. 그래도 그의 처절한 승부는 계속되었다.

"혁명이란 그런 것이다. 목숨도 필요 없다. 돈도 필요 없다. 명예도 필요 없다. 결국 소프트뱅크가 없어지고 소프트뱅크의 명예마저 사라져도, 그걸로 좋지 않은가. 그래서 일본에 인터넷의 새벽이 밝아오면 그것으로 좋은 거 아닌가. 그 정도의 각오가 없으면 아무 것도 이룰 수 없다. 나는 진심으로 그렇게 생각한다."

이번에는 보다폰재팬를 인수했다. 큰 승부를 걸자고 했던 늦은 40대였다. 인터넷 거품이 완전히 꺼졌다가 다시 부풀어 2천억 엔까지 떨어졌던 재산이 2조 엔까지 올랐다. 한 방에 모든 것을 걸었다. 전

재산 2조 엔을 내던졌다. 그건 일본 기업사상 최고의 인수금액이었다. 전 세계를 통해서도 유례를 찾기 힘든 것이었다. 통 큰 승부였지만 결과는 참담했다. 사방의 적이 그의 발목을 잡고 늘어지거나 강편치를 날리며 공격했다. 목숨 걸고 싸웠다. 정말로 죽어도 좋다는 각오로 가시밭길을 헤쳐 나갔다. 나락으로 떨어졌던 상황이 조금씩 호전되어 갔다.

틈만 나면 전 재산을 쏟아 붓는 올인 배팅 속에 손정의는 어느 덧 50대가 되었다. 소프트뱅크 창업 30주년으로 사업을 완성하는 시기. 마지막 배팅에서 끝내 판돈을 쓸어 담은 그는 이제 전 세계 8백여 개 회사에 투자를 한 굴지의 인물이 되었다. 원전 사고 피해자를 위해 상상을 초월하는 거금을 내놓으며 일본 정부를 향해서도 바른 소리를 퍼부은 손정의. 그는 이제 수많은 일본 젊은이들의 롤모델이며 '손정의를 총리로'라는 지지층이 생길 정도의 인기인이 되었다. 그렇다고 그가 총리에 나서지도 않겠지만 10대 후반 일찌감치 세웠던 무모한 인생설계는 한 치의 틈도 없이 꽉 채웠다. 그리고 '돈을 남기기보다, 명예를 남기기보다, 사람을 남기고 사람에게 뜻을 남기고 싶다'는 그의 생각도 완성되어 가고 있다.

위대한 리더가 되자면 한 번은 모든 것을 걸고 큰 승부를 펼쳐야 한다. 싸움이 한창인데 머뭇거리거나 발을 빼면 연명은 할지언정 리더로서의 자리는 잃게 된다. 차라리 장렬하게 전사하더라도 온몸을 던져야 한다. 세상에서 제일 감당하기 어려운 사람이 목숨을 초개처럼 내던지는 사람이다. 승부수를 던져야 얻을 게 있는 법.

유방 역시 지칠 대로 지쳤다. 진절머리가 나는 싸움터였다. 젊다고는 하지만 홍구 저쪽에 진을 치고 있던 항우도 힘들긴 마찬가지였다. 천하의 절반이면 그래도 만족할 수 있는 선이 아니겠는가. 둘은 일단 회군하기로 했다. 돌아서는 항우를 보며 유방 역시 군사를 거두었다. 그러나 장량과 진평이 지금 물러서면 호랑이를 키우는 격이라며 진군을 권했다. 천하를 다투는 건곤일척乾坤一擲의 승부. 유방은 군사들을 독려하여 항우군을 향해 짓쳐 들어가 전부를 다 가졌고 절반의 땅과 우미인을 던질 수 없었던 역발산기개세力拔山氣蓋世의 영웅 항우는 패전에 패전을 거듭하다 31세에 목숨까지 잃고 말았다. 천하통일의 위업도 결국 명운을 건 한판 싸움 뒤에라야 이룰 수 있다.

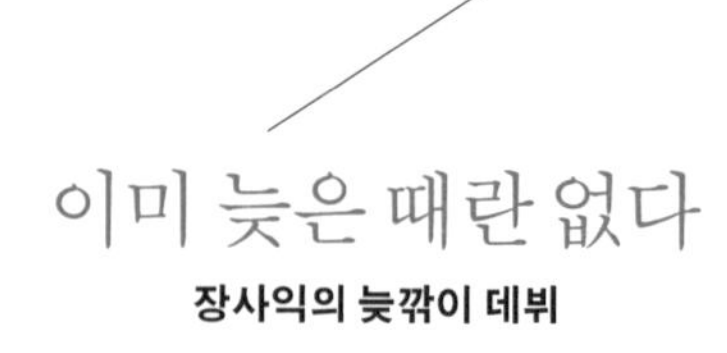

이미 늦은 때란 없다

장사익의 늦깎이 데뷔

때가 있다. 무엇이나 다 적당한 때가 있다. 서둘러도 그르치고 너무 늦어도 그르친다. 매화는 초봄이 필 때고 국화는 늦가을이 필 때다. 초등학생은 놀 때고 고등학생은 공부할 때고 대학생은 학업과 사회를 함께 바라볼 때다. 때를 알고 그 때를 미리 대비하며 때에 잘 맞춰 움직이면 훨씬 많은 것을 얻을 수 있다. 때를 얻으면 만사를 얻지만 때를 놓치면 많은 걸 잃기 쉽다.

그러나 그 '때'가 요지부동인 것은 아니다. 매화는 자연의 흐름 그대로 따라야 한다. 살아 있는 것이지만 생각이 없기 때문이다. 사람은 누구나 의지가 있다. 의지가 있으면 때는 언제든지 만들 수 있다. 늦어도 늦은 것이 아니다. 늦었다고 생각할 때가 바로 시작할 때이다.

일본의 시바타 도요는 나이 100세에 100만 부 베스트셀러 시인이 되었다.

> 난 말이지, 사람들이
> 친절을 베풀면
> 마음에 저금을 해둬
> 쓸쓸할 때면 그걸 꺼내
> 기운을 차리지
> 너도 지금부터 모아두렴
> 연금보다 좋단다

시바타 할머니는 92세에 시를 쓰기 시작해 98세에 『좌절하지 마』라는 제목의 시집을 냈다.

> 불행하다고 한숨 쉬지 마
> 햇살과 산들바람은
> 한쪽만 편들지 않아
> 꿈은 공평하게
> 꿀 수 있는 거야

괴로운 일이 많았지만
살아 있어 좋았어
그러니 당신도 좌절하지 마

젊은 시인의 싱싱한 이야기가 아니라 삶을 관조한 할머니 시인의 속삭임이어서 마음을 더욱 적신다.

마흔 여섯. 뭔가를 새롭게 시작하기엔 늦은 나이다. 그것도 대중을 상대해야 하는 가수라면. 하지만 장사익은 음반을 냈다. 그의 소리를 들은 주위사람들이 혼자 듣기 아깝다며 한번 해보라고 해서 만들어 봤다. 그 역시 하고 싶었던 것이어서 용기를 냈다. 술 한 잔 들어가야 겨우 사람들 앞에 설 수 있었던 장사익이었다. 많은 사람들이 모인 자리에서 큰 소리로 이야기 한번 제대로 한 적 없던 그의 놀라운 변신이었다. 하지만 부끄럽다며 시작한 그의 도전은 행복이었다.

장사익은 음치였다. 과연 그럴까 싶다. 그가 '하얀 꽃 찔레꽃…… 찔레꽃 향기는 너무 슬퍼요. 그래서 울었지. 목 놓아 울었지' 하며 〈찔레꽃〉을 한바탕 불러제끼면 가슴 저 밑바닥에서 잠자고 있던 알 수 없는 그 뭔가가 끊임없이 끓어오르는데. 그가 〈하늘 길〉을 목청 높여 소리하면 왠지 모를 서러움이 처절하게 밀려드는데.

"내일도 내일의 오늘이니 언제나
오늘밖에 없다.
지금이야말로 바로 시작할 때다."

장사익은 노래라는 걸 오랫동안 잊고 살았다. 중학교 음악시간에 창피를 당한 후부터. 조금 다른 그의 소리에 아이들이 웃음보를 터뜨린 것이었지만 그쪽을 멀리했다. 고교를 졸업하고 군대를 다녀온 후 생활전선에 뛰어들었다. IMF 때 실직했다. 이것저것 안 해본 게 없다. 험하고 힘든 일도 마다할 처지가 아니었다. 카센터, 전자제품 판매, 보험 등등. 얼른 들으면 그럴싸한 것도 있지만 기실 변변치 않았다.

아니다 싶었다. 태평소를 집었다. 어릴 적 시골에서 아버지를 따라다니며 들었던 흥겨운 가락. 30대 때 취미 삼아 해본 것이 도움이 되었다. 묵히고 묵혔던 재능이 폭발했다. 그의 흥겨운 태평소는 전주대사습놀이, 공주농악, 금산농악 장원으로 이어졌다. 노는 마당이 자연적으로 늘어났다. 소리를 했더니 반응이 괜찮았다. 소름끼치는 소리. 사람들은 온몸에 털이 모두 곤두서는 느낌을 받았다.

'한 3년 마음먹고 해보자' 했던 것이 어느 새 20년이 다 되어간다. 삶의 한이 켜켜이 쌓여 있는 그의 무대는 늘 관중들로 들끓는다. 방송에 얼굴 한번 제대로 안 내비쳐도 그렇다. 결코 미끈하지 않은 환갑 소리꾼의 소리임에도 그렇다. 시간 날 때마다 북한산 이곳저곳을 뛰어다니는 그는 그래서 두 시간여의 공연을 혼자서 다 채울 수 있다.

100세 노인의 시집, 40대 중반의 신인가수는 물론 특별한 경우이다. 누구나 할 수 있는 것은 아니지만, 그렇다고 특별한 누구만 할 수 있는 것도 아니다. 그들은 시도하고 도전했다. 그러나 사람들은 대체로 지레 포기하고 나서지 않아 이루지 못한다. 시바타 도요와 장사익도 새로운 길을 선택하지 않았다면 대부분의 경우와 다를 게 없었을 것이다.

오늘 못하면 내일도 못한다. 그러나 내일은 없다. 내일도 내일의 오늘이니 언제나 오늘밖에 없다. 지금이야말로 바로 시작할 때이다.

시작하지 않으면 아무 것도 할 수 없다

김미현의 무한도전

백문이 불여일견이고 백언이 불여일행百聞不如一見 百言不如一行이라. 백 번 듣는 것이 한 번 보는 것보다 못하고 백 번 말하는 것이 한 번 움직이는 것보다 못하다. 뭔가를 얻으려면 몸을 움직여야 한다. 그것도 강하게. 강력한 의지와 강력한 실천이 뒤따라야 한다. '아니면 말고'면 얻을 게 별로 없다.

박세리에 이어 김미현도 미국 여자프로골프에 도전했다. 조금 밀리기는 했지만 박세리가 했다면 김미현도 할 수 있는 일. 하지만 반응은 썩 좋은 편이 아니었다. 김미현은 힘들 것이라는 분석이 많았다. 153센티미터의 작은 키, 짧은 비거리로 세계무대 정상을 노리는 건

무리라는 게 대부분 전문가들의 의견이었다.

"김미현은 꾸준하고 정확하다. 장점이기도 하지만 단점이기도 하다. 미국 LPGA에서 우승하려면 한 번씩 미쳐야 하는데 그에겐 그것이 없다. 평소의 꾸준한 실력으로는 결코 우승을 바라볼 수 없다. 키가 작거나 비거리가 짧은 것 이상의 약점이다. 박세리는 어쩌다 한 번 미치면 폭풍 스코어를 내지만 김미현은 신이 들린다 해도 한계가 있다."

전문가들이 그렇다고 하니 그런 것 같기도 했다. 프로들은 김미현의 도전을 그렇게 부정적으로 봤지만 그래도 아마추어 골퍼들 중에는 김미현이 성공하는 모습을 보고 싶어 하는 이들이 많았다. 국내에서도 신체적인 약점을 노력으로 극복했는데 세계무대라고 못할 게 뭐 있겠느냐는 생각들이었다.

전문가들의 분석 탓인지 김미현의 미국행에는 스폰서가 붙지 않았다. 박세리가 삼성이라는 든든한 스폰서의 지원 아래 비교적 편안하게 도전한 것에 비하면 여러 모로 조건이 좋지 않았다. 그를 아끼는 사람들 중에는 우선 일본에 진출해서 여유자금을 확보한 뒤에 미국으로 갈 것을 조언하기도 했다. 상대적으로 확률이 높은 방법이었지만 김미현은 곧바로 미국으로 날아갔다.

즐풍목우櫛風沐雨의 세월이었다. 내리는 빗물에 머리를 감고 불어오는

"일단 간다, 그리고 될 때까지 한다가
행동지침이었다.
사람들은 대부분 그렇게 명료하게
움직이지 못한다."

바람으로 머리를 빗는 야인의 생활. 중고 밴에 온 가족이 몸을 싣고 동으로 서로 정신없이 뛰어다녔다. 틈만 나면 연습했다. 경기가 없는 날이면 아침 7시에 연습을 시작해서 못해도 12시간은 공을 쳤다. 2천여 개를 때리기도 했다. 경기가 있는 날에도 연습을 빼먹지 않았다. 시작 전에 한 시간 반, 끝나고 또 한 시간 반.

그런데도 우승 그린은 쉽게 들어오지 않았다. 특단의 조치가 필요했다. 몸을 불렸다. 비거리를 늘리기 위해서였다. 힘이 조금이라도 더 있으면 조금이라도 더 멀리 나가는 게 이치. 먹고 운동하고, 또 먹고 또 운동했다. 어차피 운동을 하는 동안은 예뻐지고 날씬해지는 건 포기하기로 했다. 그러나 살찌는 것도 힘들었다. 워낙 운동량이 많다 보니 먹은 게 전부 빠져 나갔다. 살찌우는 게 살 빼는 것보다 더 힘든 것 같았다. 그래도 고생한 보람이 있었다. 몸매가 조금씩 보기 싫어지기 시작했다.

투어생활 역시 만만찮았다. 동에서 서로, 남에서 북으로 종횡무진이었다. 머리만 갖다 붙이면 잠 속으로 빠져 들었다. 파김치가 되곤 했지만 그리 힘들지도 않았고 슬프지도 않았다. 오히려 시간이 지나면서 될 것 같다는 생각이 들자 즐겁기까지 했다. 톱10에 드는 횟수가 늘어나면서 기분이 더욱 좋아졌다.

미국에 입성한 지 7개월 20일. 김미현은 전문가들의 입을 다물게 하는 우승을 달성했다. 미국인들이 그의 우승에 더 감동했다. 그들은 도저히 우승할 수 없을 것 같은 조건으로도 우승할 수 있다는 것을 김미현을 통해 새삼 알게 되었다.

김미현은 어떻게 그토록 빨리 LPGA를 정복할 수 있었을까. 첫 번째는 도전했다는 사실 그 자체다. 시작했기에 결과물을 가질 수 있었다. 두 번째는 자신감이었다. 누가 뭐래도 그는 자기 자신을 믿었다. 세 번째는 '한다'였다. 일단 간다, 그리고 될 때까지 한다가 행동지침이었다. 단순하기 그지없는 '간다, 한다'지만 결코 쉬운 일이 아니다. 사람들은 대부분 그렇게 명료하게 움직이지 못한다. 뜻대로 풀리지 않거나 힘들면 머릿속이 복잡해진다. '왜 안 되지?'에서 '괜히 시작했나?'를 거쳐 '그만둘까?'까지 부정적인 생각이 꼬리에 꼬리를 문다. 잡생각이 많아지면 경기 집중력이 떨어지고 집중력이 떨어지면 실력발휘가 안 되니 정상은 늘 남의 것이 되는 것이다.

힘들게 도전해야 할 때가 많다. 도전한다고 해서 다 이루는 것도 아니다. 도전을 해야 한다면 될까 안 될까 지레 걱정하지 말고 일단 해볼 일이다. 부뚜막의 소금도 집어넣어야 짠 법이니까. 신념을 가지고 하고 또 하면 의외로 쉽게 다가올 때도 있다. 혹 이루지 못해도 최선을 다했다면 한 만큼은 이익이지 않은가.

만인이 다 반대해도

주유의 외로운 주장

대세라는 것이 있다. 모든 흐름이 어느 한쪽으로 쏠리는 모양새를 두고 하는 말이다. 대부분의 경우 대세는 인정하는 것이 맞다. 많은 사람들의 생각이고 그 사람들이 그렇게 밀고나갈 것이니 흐름이 될 가능성이 그만큼 높다. 하지만 대세가 곧 진실이고 옳은 것은 아니다. 대세를 이끄는 무리가 전부가 아니고 극히 일부일 수 있다. 대세를 따르면 혹시 잘못되어도 책임을 피할 수 있는 이점 때문에 편승하는 경우도 있다. 많은 사람들이 그렇게 생각하고 그렇게 될 것이라고 믿는다는 것이지 결과가 꼭 그렇게 되는 것은 아니다.

대세가 세상을 지배하는 것 같지만 세월이 한참 지난 후에 뒤돌아보면 작은 흐름이 세상을 바꾼 경우가 의외로 많다. 작은 흐름이 큰 흐름을 뒤집어엎는 일 역시 드문 일이 아니다.

오나라 손권의 장수들은 대부분 싸우기를 원치 않았다. 싸우고 싶어도 싸움이 되지 않는다는 이유였다. 기껏 내세우는 의견이 일단 물러났다가 후일을 도모하자는 정도였다. 원소를 무찌르고 유표를 흡수한 조조는 기세를 몰아 강동의 오나라마저 수중에 넣으려 했고, 전력상 그것은 손바닥 뒤집는 일처럼 쉬워 보였다. 조조는 전쟁을 시작하기 전 오나라에 최후통첩을 했다. 항복하지 않으면 백만 대군으로 쳐들어가겠다는 것이었다.

조조의 최후통첩 앞에 오나라는 벌벌 떨었다. 십중팔구는 화친을 주장했다. 오나라의 십만 병사로 백만 대군을 상대한다는 것은 계란으로 바위 치기였다. 형세가 자못 불리하니 그럴 만도 했다. "이기기 힘든 싸움인 데다 전쟁을 하면 강동이 불바다 속에 빠질 게 확실하니 백성들을 위해서라도 물러나는 지혜를 발휘해야 한다"는 것이 주화파의 주장이었다. 패기만만한 손권이었지만, 주화파의 의견을 받아들이지 않을 수 없는 상황이었다.

답답해진 손권은 마지막으로 주유에게 의견을 물었다. 하지만 주유는 단호했다. 그는 백성을 위한다는 주화파가 사실은 자신들의 안위를 걱정해서 화친을 주장하는 것이라고 일축했다. 말이 화친이지

"때로는 독불장군이 되어야 한다.
아니다 싶으면 혼자라도 가야 한다.
단, 그 경우엔 반드시 명분과 전략이 있어야 한다."

그건 항복이고, 항복은 천하통일의 대업을 포기하는 것이라며 일전불사를 역설했다. 이와 동시에 주유는 오나라가 이길 수 있는 이유를 설명했다.

첫째 조조의 백만 대군은 원소, 유표 등의 군사를 끌어 모은 오합지졸이지만 강동의 십만 군사는 정예병이라는 점. 둘째 조조군은 먼 거리를 이동한데다 풍토병을 앓고 지쳐 있지만 강동의 군사는 잘 먹고 잘 쉬어 사기가 오를 대로 올라 있다는 점. 셋째 조조군은 비록 육상전엔 강하나 수상전의 경험이 없는 반면 오나라의 군대는 수상전에 강하다는 점. 그래서 강을 넘어오기 전에 싸움을 치르면 백만 대군이라 한들 무서울 게 없다는 분석이었다. 백 가지 주장을 뒤엎는 주유의 한 가지 주장이었다.

무수한 에피소드를 낳은 『삼국지』의 적벽대전은 그렇게 시작되었다. 그리고 오만이 하늘을 찔렀던 백전백승의 승장 조조는 강동의 새파란 젊은이 손권, 주유에게 대패하고 겨우 한 목숨 구하는 데 그치고 말았다. 동남풍을 불렀다는 공명의 신출귀몰한 재주와 안개 속에서 십만여 개의 화살을 거두어들인 공명의 퍼포먼스 덕에 대성공을 거둔 것처럼 되어 있지만, 적벽대전의 주역은 어디까지나 주유의 '외로운 주장'이었다. 주유는 어쩌면 오나라가 무너지면 촉나라마저 사라져야 하는 상황에서 공명이 지원하지 않을 수 없다는 것까지 계산에

넣은 필승전략을 짜놓고 전쟁에 임했을 것이다.

삼인성호三人成虎라는 말이 있다. 세 사람이 이야기하면 시장바닥에 호랑이가 나타났다는 엉터리도 사실로 둔갑한다는 뜻이다. 이런 변설에 나름의 논리가 있고 그럴싸한 예측이 뒤따른다면 피해가기가 쉽지 않다. 여기에 맞서 독야청청하는 것이 자칫 무모해 보일 수도 있다. 고립되는 것이 두렵거나 힘들어서 대세를 따르는 경우가 태반이다. 사람들은 대개 비슷하게 비겁하기 때문이다. 다수의 힘으로 문제 있는 논리를 포장하고 강변하는 경향이 있다. 아니다 싶으면 혼자라도 바로잡아야 한다.

때로는 독불장군이 되어야 한다. 아니다 싶으면 혼자라도 가야 한다. 단, 그 경우엔 반드시 명분과 전략이 있어야 한다. 손권이 열 사람을 제치고 단 한 사람 주유의 선택을 선택한 건 그의 주장에 설득력이 있어서였다. 제 아무리 믿는 주유라 한들 단지 말뿐이었다면 손권도 싸우자고 덤비지는 못했을 것이다. 싸움을 해야 하는 확실한 명분이 있었고, 적은 숫자로도 많은 숫자를 이길 수 있는 전략을 제시했으므로 가능했다.

조직의 리더라 해도 조직원 대부분이 반대하는 일을 하려면 그들을 설득하고 공감대를 형성해야 일을 성공시킬 수 있다. 이와 반대로, 일

개 조직원으로서 망설이는 리더를 움직이려면 그가 흔쾌히 따라 나설 수 있는 전략과 실천력을 보여주어야 한다. 그냥 추진하는 게 중요한 것이 아니라 성공하는 것이 중요하기 때문이다.

외로운 선택은 명분과 실천력이 생명이다. 강한 신념과 의지 위에 선 것이어서 강한 힘을 지니고 있다. 그렇게 하지 않으면 안 되는 뚜렷한 이유와 성공의 확실성을 제시하면 군중심리를 바탕에 깔고 있는 막연한 대세론을 잡을 수 있다. 그런 대세론에는 반드시 허수가 있고 틈이 있기 마련이라 틈을 공략하면 의외로 쉽게 무너진다. 대세는 하나의 흐름이지 확신이 아니기 때문이다.

열정을 선택하라

진대제의 광인정신

불광불급不狂不及. 미치지 않으면 미치지 못한다. 그것은 몸과 마음을 불사르는 뜨거운 열정이다. 천재는 노력하는 자를 이기지 못하고 노력하는 자는 즐기는 자를 이기지 못한다지만, 그 모든 것을 압도하는 게 미친 듯한 열정이다. 불타는 열정이면 실로 이루지 못할 일이 없다.

미치는 사람들에겐 몇 가지 특징이 있다.

꿈이 있다. 뭔가를 이루려는 간절한 소망이다. 강렬한 동기와 강한 목표다. 그 한 가지만 생각한다. 밤이나 낮이나, 일할 때나 쉴 때나 오직 그의 머릿속에는 그 생각밖에 없다.

전력 질주한다. 적어도 뜻한 바를 이룰 때까지는 달리고 또 달린다.

단 한 줌의 힘도 남기지 않고 다 쏟아 붓는다. 나머지는 다 포기한다.

우직하다. 어떤 일에서나 꾀를 피우지 않는다. 그래서 그들은 주위로부터 미쳤다는 소리를 듣는다. 실제로 미친 사람 같기도 하지만 개의치 않고 자신의 길을 묵묵히 끈질기게 간다. 소걸음으로.

확신이 있다. 수많은 사람들이 이루기 힘든 일임을 강조하지만 그 자신은 반드시 이루어야 할 일이고 반드시 이루어진다고 믿는다. 때문에 거듭되는 실패에도 좌절하지 않는다. 그들은 실패 속에서 성공의 도면을 그린다.

세계적인 기업 IBM을 그만두었다고 하자 스승마저도 미친 것 아니냐고 했다. 그의 선택이 무모한 것임을 누구보다 잘 알고 있었기 때문이다. 미래가 보장된 안정적인 직장을 미련 없이 놓기란 결코 쉬운 일이 아니다. 더욱이 가고자 하는 길이 매우 불투명하다면 당연한 반응이다.

하지만 진대제에게 그것은 하나의 과정이었다. 스탠퍼드 대학에서 박사를 마치고 IBM에 들어갔으나 최종목표는 아니었다. 진대제의 꿈은 언젠가는 조국으로 돌아가 독자적인 기술로 세계를 제패하는 것이었다. 그동안 이것저것 직접 경험하고 배우고 익힌 뒤에 이제는 되었다 싶어 꿈의 발걸음을 옮긴 것이었다. 쉽게 결정한 건 아니었

"세상을 발전시키고 지탱하는 건
아마도 열정을 다 바친 투혼,
모든 걸 포기하고 한 가지에만 미치는
광인정신狂人精神일지도 모른다.

다. 마음 놓고 연구할 수 있는 기반시설이 되어 있느냐도 문제였고 좋은 팀을 이룰 수 있을 것인가도 문제였다. 모든 걸 새로 시작해야 할지도 모르는 일이었다. 하지만 그는 다른 생각을 모두 접어버렸다. 고민만 하고 움직이지 않으면 할 수 있는 것 또한 없는 것이기에.

대한민국에선 그래도 가장 연구하기 좋은 환경을 만들어놓은 삼성반도체로 향했다. 삼성은 1983년에 반도체 사업을 시작한 굴지의 기업이었다. 그해는 진대제가 IBM에 입사한 해이기도 했다. 그가 생각했을 때 한국의 반도체 기술 수준은 최소한 5년 정도는 뒤처져 있었다. 삼성의 미국지사는 연구조건이 예상보다 더 좋지 않았다. 뭘 하고 싶어도 시설이 미비해 할 수가 없었다. 우여곡절 끝에 1987년 한국으로 유턴했다. 한국을 떠난 지 15년 만이었다. 일본을 집어삼키고 세계에 우뚝 서자는 각오를 새롭게 했다.

피를 말리는 작업이었다. 다행히 삼성은 수없이 깨지면서도 반도체에 대한 투자는 아끼지 않았다. 이병철 회장은 반도체에 대한 확실한 신념이 있었다. 시기상조라는 의견이 많았고 삼성이 반도체 때문에 망할지도 모른다는 이야기가 돌았지만 이병철은 끝이 어딘지도 모를 일에 온 마음을 다 쏟았다. 그는 반도체 사업에 미래를 걸었다. 진대제에게 마음 놓고 일할 수 있는 여건을 마련해준 사람도 이병철이었다. 그룹을 이어받은 이건희의 반도체 꿈 역시 아버지보다 결코 못하지 않았다. 그를 후계자로 지목한 건 이병철의 탁월한 선택이기도 했다.

16메가 D램. 진대제의 화두였다. 단계를 뛰어넘은 목표였지만 일등을 하기 위한 확실한 방법이었다. 따라다니고 쫓아다니기만 하면 세계를 제패할 수 없는 일. 목표가 컸기에 가는 길도 그만큼 힘들었다. 오직 일밖에 없었다. 실패, 또 실패를 딛고 한 걸음 한 걸음 나아갔다. 처음엔 늘 제자리걸음이었지만 실패로부터 배우다 보니 어느새 꽤 앞으로 나가 있었다.

하나하나 문제점을 제치고 뛰어넘으며 나아가던 1989년 10월, 진대제와 그의 동료들은 마침내 그토록 갈망했던 16메가 D램 완전동작 칩 개발에 성공했다. 휴일도 없이 끈질기게 매달렸던 모든 사람들의 700여 일이 고스란히 담긴 작품이 세상에 첫 선을 보인 것이다.

세계 최초. 모두의 꿈이 현실이 되었다. 설마 했는데 진짜로 처음이었다. 미국도 일본도 한국의 16메가 D램처럼 완벽한 작품을 만들지 못했다. 삼성은 하루아침에 세계적인 브랜드로 부상했고 그 명성을 지금까지 이어오고 있다. 코리아라는 나라도 새로운 모습으로 세계인의 머릿속에 각인되었다.

그들이 이룬 꿈은 단순한 꿈이 아니었다. 처음이라는 기록 속에 엄청난 부를 약속하는 황금거위였다. 삼성은 수년간의 적자를 단숨에

메웠고 이후 반도체 1위 자리를 줄곧 지키며 전 세계의 돈을 끌어 모았다. 진대제의 길도 그와 같았고, 10여 년 뒤 노무현 정부 시절에는 전혀 생각지 않았던 정보통신부 장관까지 지냈다.

세상을 발전시키고 지탱하는 건 아마도 열정을 다 바친 투혼, 모든 걸 포기하고 한 가지에만 미치는 광인정신狂人精神일지도 모른다. 힘든 일, 불가능하게 보이는 일일수록 광인지수가 높아야 한다.

열정은 마음의 청춘이다. 그러므로 열정을 지닌 사람은 환갑을 넘겨도 청춘이다. 청춘이 그렇듯 열정은 그 어떤 어려움, 두려움도 극복할 수 있고 모자라는 재능까지도 채울 수 있다. 간절히 원하면 언젠가는 이루어진다. 그러자면 불타는 열정을 가지고 미친 듯이 해야 한다. 대충 하고 기다리는 것으론 아무것도 얻을 수 없다. 그건 꿈에 대한 모독이다.

가슴이 시키면 지는 싸움이라도 해라

브루노의 신념

과학적 사실은 바뀌지 않는다. 더러 사실이 바뀌는 것은 과학적 탐구의 미숙으로 사실을 사실대로 알지 못한 탓일 뿐이다. 아무리 강요해도 바꿀 수 없는 자연의 현상. 어리석은 시대에는 그저 옛날부터 내려온 이론이 그렇다는 이유로 새로운 사실을 외면했다. 더구나 그것이 기존의 권위를 훼손하는 사실일 경우엔 목숨을 빼앗는 엄벌에 처했다.

때문에 기존의 사실이 틀렸다는 것을 알게 되어도 윽박지르면 입을 다물었고 위험에 직면하면 새로운 주장을 뒤집기도 했다. 말을 바꾸어도 사실은 결코 바뀌는 것이 아니므로. 그래서 갈릴레오는 강압에 못 이겨 "이단을 포기한다"는 서약을 한 후 로마 교황청의 이단 심문소를 나서며 "그래도 지구는 돈다"고 중얼거렸지만 브루노는 서약 대신 목숨을 던졌다. 갈릴레오에겐 과학적 사실이었지만 그에겐 신념이었기 때문이다. 브루노는 학자적 양심과 신념을 꺾기보다 차라리 깨지고 말았다.

우주의 중심은 지구였다. 해와 달은 움직이지 않는 지구를 중심으로 도는 것이었다. 이름 하여 천동설. 그건 오랫동안 내려온 신성불가침의 진실이었다. 그러나 르네상스의 대표적 사상가 조르다노 브루노의 생각은 달랐다. 천동설로는 설명할 수 없는 자연현상이 너무 많았다. 코페르니쿠스의 지동설이 훨씬 와 닿았다.

그는 감히 불경스러운 연구를 시작했다. 하나하나 새로운 사실이 발견되었고 그러한 사실을 토대로 마침내 지구가 태양의 주위를 돈다는 것을 밝혀냈다. 그는 자신이 발견한 이 새로운 사실을 하나하나 증거를 대가며 글로, 말로 사람들에게 알렸다.

> '지구는 움직인다. 태양의 주위를 돈다. 우주는 무한하고, 무한한 우주 안에는 지구와 비슷한 또 다른 천체가 있으며 그곳에는 지구인과 비슷한 지적 존재가 있을 수 있다.'

"머리는 눈앞의 이익을 우선 생각하지만
가슴은 사람의 길을 생각하게 한다.
보고 싶은 것만 보는 것을 경계하면
가슴이 시키는 선택을 할 수 있다."

매우 위험한 내용이었다. 단지 종래의 학설을 뒤집는 정도가 아니었다. 교황청을 부정하는 극히 불손한 이론이었다. 그때까지 우주의 중심은 지구였고 지구의 중심은 교황청이었으며 교황청의 중심은 교황이었다. 따라서 교황은 우주의 중심이었고 그건 절대불변의 진리였다. 천동설을 부정하는 것은 바로 교황에 대한 도전이었다.

불가침의 권위에 손상을 입은 교황청은 브루노를 위험인물로 간주했다. 교황청은 브루노에게 경고를 내렸다. 하지만 브루노는 교황청의 압력에도 전혀 굴하지 않고 유럽 전역을 바람처럼 떠돌며 새롭게 알게 된 사실을 퍼뜨렸다. 교황청이 그의 강연을 방해하고 그가 강단에 서지 못하도록 다각적인 조치를 취했지만 그럴수록 브루노는 더욱 강연에 열을 올렸다. 교황청은 급기야 수배령을 내렸고 강연하던 그를 체포했다.

교황청 당국은 브루노에게 지동설과 무한우주설이 사실이 아님을 인정하라고 윽박질렀지만 소용없었다. 브루노는 어떤 강압에도 움직이지 않았다. 결국 브루노를 감옥에 가두고 설득했지만 그 역시 아무런 소용이 없었다. 말을 바꾸어도 바뀌지 않는 자연현상 때문에 브루노는 무려 7년간의 옥살이를 했다.

교황청은 그의 꺾이지 않는 신념이 많은 사람들에게 좋지 않은 영향을 주게 되자 설득을 포기하고 종교재판을 열었다. 그를 처형하기 위해서였다. 재판은 각본대로 진행되었다. 마지막 기회까지 차버리자 교황청은 이단인 그에게 화형을 선고했다. 그리고 지동설과 신념을 택한 브루노는 "나의 두려움보다 판결문을 읽는 당신의 두려움이 더 클 것"이라는 말을 남기고 불에 타 죽었다. 1600년 2월 17일이었다. 로마 교황청은 결국 그들의 잘못을 시인했으나 그건 브루노가 죽은 지 350여년이나 지난 뒤였다.

'계란으로 바위 치는 일은 절대 하지 말아야 한다. 산을 옮기겠다는 어리석은 행동을 해선 안 된다. 맨손으로 총칼을 든 군인과 싸우면 안 된다. 다윗이라면 골리앗 앞에선 참아야 한다. 사마귀는 두 팔을 벌리고 마차 앞에 버티고 서 있어선 안 된다.'

100퍼센트 맞는 말이다. 귀담아들어야 할 말이다. 그러나 때론 어리석음이 현명함을 뛰어넘었다. 그리고 역사는 그렇게 어리석은 사람들이 만들었다.

명분, 가슴에서 나오는 명분 때문에 그들은 질 줄 뻔히 알면서도 싸웠다. 머리는 눈앞의 이익을 우선 생각하지만 가슴은 사람의 길을 생각하게 한다. 보고 싶은 것만 보는 것을 경계하면 가슴이 시키는 선택을 할 수 있다.

사마귀가 마차 앞에 버티고 선 것은 새끼를 보호하기 위해서였다.

도움이 되지 않지만 그럴 수밖에 없는 선택이다. 그런 선택들이 모이면, 그런 손해들이 모이면 진실이 되고 진실은 다소 늦는 한은 있어도 반드시 통한다.

가슴의 선택, 머리의 선택

노무현과 이인제의 엇갈린 행보

우공愚公은 집안 식구들을 모아놓고 북쪽의 태행산과 황옥산 때문에 길 다니기가 불편하니 갈아엎는 게 어떻겠느냐고 물었다. 모두들 좋다며 찬성했다. 그러나 그의 부인은 아흔 살 나이에 뭘 할 수 있을 것이며 파낸 돌과 흙은 어찌하겠냐며 혀를 끌끌 찼다. 우공은 흙이야 발해의 바닷가에 버리면 그만이지 하면서 바로 일을 시작했다. 우공의 세 아들과 손자는 흙과 돌을 파서 운반하고 우공은 그것들을 삼태기나 들것에 담아 발해의 바닷가로 옮기기로 했다. 발해까지 갔다 오자면 꼬박 1년이 걸리지만 우공은 개의치 않았다.

이웃에 사는 지수라는 사람이 해괴망측한 그들을 보다 못해 늙어 꼬부라진 그 몸으론 산의 한 귀퉁이도 허물지 못할 거라며 비웃었다.

그러자 우공은 내가 죽으면 아들이 하고, 아들이 죽으면 손자가 하고, 손자가 죽으면 손자의 아들이 하고, 손자의 아들이 죽으면 그 손자의 아들의 아들이 하면 언젠가는 평지가 될 거라며 오히려 지수를 나무랐다.

우공이 하는 양을 가만히 지켜보고 있던 산신들은 은근히 걱정이 되었다. 저러다가 정말 산이 없어지면 큰일이겠다 싶었다. 산신들의 시간으로는 천년도 그리 긴 것이 아니었다. 산신들이 옥황상제를 찾아가 자초지종을 이야기했다. 옥황상제는 우공의 진심과 끈기를 가상하게 여기고 하늘의 장사들로 하여금 산을 옮겨주도록 했다.

『열자』「탕문편」에 나오는 '우공이산愚公移山'의 우화다.

대한민국의 이후 정치지형을 결정지은 1990년 1월의 3당 합당. 서로 좋아하지도 않고 뜻을 같이 하지도 않았던 노태우, 김영삼, 김종필 세 사람에게는 그것이 자신들의 말처럼 '구국의 결단'이었는지도 모른다. 대통령이었던 노태우는 여소야대의 불리한 국면을 전환시켜 안정적으로 나라를 통치할 수 있는 기틀을 마련하는 것이고, 제2야당의 총재였던 김영삼에겐 제1야당의 김대중을 제치고 대통령이 될 수 있는 길이며, 제3야당의 총재였던 김종필에겐 또 다른 희망을 더듬을 수 있는 선택이었다. 때문에 그들의 합종연횡은 구국의 결단이 아니라 개인의 이익을 고려한 극히 사적인 결단이었다.

당시 국민적 여망은 영호남을 대표하는 오랜 정적, 김영삼과 김대중의 합당이었고 그것이 정석이었다. 그러나 김대중과는 함께 갈 수 없다는 김영삼의 선택은 특히 자신을 따르는 무리들에게 아주 직접적인 고민을 주었다. 국민들이 원치 않았던 합당의 대열에 몸을 섞을 것인가, 따로 갈 것인가. 초선의원으로 5공 청문회에서 스타가 된 노무현과 이인제는 사뭇 다른 길을 걷게 된다.

닮은꼴, 다른 선택

노무현과 이인제는 모두 빈농의 아들이었다. 링컨을 닮고 싶고 좋아했던 두 사람은 현역 병장으로 제대한 뒤 사법고시를 패스하고 판사, 변호사를 했다. 김영삼을 통해 정계에 입문, 1988년 제13대 총선에서 나란히 국회의원 배지를 달았다. 초선의원이었지만 논리적인 공격으로 5공 청문회에서 이름을 날렸다. 국회 노동위원회에서도 함께 활동했고 장관도 똑같이 한 번씩 지냈다.

하지만 두 사람의 스타일과 지향은 달랐다. 이인제는 경복고, 서울대 법대를 거쳤다. 초중고 시절 전교 일등을 놓치지 않은 명석한 머리 덕분이었다. 노무현은 상고 졸업 후 막일까지 해가며 먼 길을 돌아온

투박한 들꽃이다. 이인제는 온실에서 자라나 꽃을 피운 화려함이 있다. 두 사람은 각각 야생마와 잘 길들여진 준마이고, 결과론이지만 100미터 달리기 선수와 마라톤 선수에 가깝다. 하지만 그들의 결정적인 다름은 '무엇을 선택했는가'였다.

노무현은 3당 합당을 '야합이며 민주주의의 후퇴'로 규정했다. 당연히 따라 나서지 않았다. 이인제는 '깜짝 놀랐다. 하지만 믿기로 했다'며 YS의 선택을 따랐다. 따라 나서는 길은 사는 길이었다. 부산 출신으로 YS와 척을 지는 것은 해선 안 되는 선택이었다. 이인제는 승승장구했고 노무현은 가라앉았다. 레이스의 90퍼센트 지점까지는.

노무현의 '지는' 선택?

노무현은 1992년 부산에서 제14대 국회의원 선거에 출마했으나 낙선했다. 1995년 부산시장 선거에 출마했으나 또 낙선했다. 1996년 제15대 국회의원 선거에는 서울 종로에 출마했으나 역시 떨어졌다. 이명박, 이종찬 등과 맞붙었는데 당 서열의 한계를 극복하지 못하고 3위에 그쳤다. 그러다 1998년 선거법 위반 혐의를 받고 있던 이명박이 서울시장 출마를 이유로 떠나면서 치르게 된 보궐선거에서 이겨 어렵사리 의원 배지를 달았지만 2000년 제16대 총선에서 다시 낙마

"용기 있는 자는 역경에 의해 시험된다.
비겁한 자는 여러 번 죽지만
용기 있는 자는 한 번 죽기 때문이다."

를 하고 말았다. 종로에서의 재출마가 이기는 선택이었으나 노무현은 '지역주의 타파'를 외치며 '지기 위해' 호랑이 굴인 부산으로 향했다. "사람이야 훌륭하고 좋지만 호남 연고의 새천년민주당 후보를 뽑을 수는 없지 않은가?"라는 것이 당시 지역구 유권자들의 안타까운 정서였다.

10여 년간 다섯 번의 선거에서 반쪽 선거에 한 번 이겼을 뿐 4패를 거듭한 노무현은 실패에 굴하지 않고 열심히 자신의 길을 갔다. 그리고 2002년 초 당시 여당이었던 새천년민주당의 대통령 후보전에 뛰어들었다. 김대중 정부 시절 해양수산부 장관을 지낸 뒤 몇몇 기자들과의 술자리에서 대통령이 될 것이라고 말한 적이 있었지만 대통령을 불철주야 꿈꾸던 사람이 아니었기에 그 역시도 성공 가능성은 높지 않았다.

2002년 3월 9일 제주를 비롯 15개 시도를 돌아 4월 26일 서울에서 끝나는 국민 경선제. 첫 선을 보인 이 16부작 정치 드라마의 초반 주인공은 이인제였다. 철새건 아니건 대세는 이인제였다. 이인제는 부동의 일인자였고 노무현은 지지율 10퍼센트 미만의 군소후보였다. 하지만 이인제의 정체성을 거론하며 두각을 나타내기 시작한 노무현은 최대의 승부처인 광주에서 일약 1위를 하면서 반전 드라마의 주인공이 되었다. 그리고 마침내 서울에서 새천년민주당의 제16대 대통령 후보로 공식 선출되었다.

단역으로 출발해 2개월도 채 안 되는 기간에 주인공으로 우뚝 선 노무현. 경선 과정을 지켜보면서 많은 국민들이 그의 진정성을 다시 한 번 평가하게 되었고 기꺼이 실패를 선택하며 꿋꿋하게 자기 길을 걸은 '바보 노무현'을 좋아하게 된 덕분이었다. 마지막의 성공, 그것은 수많은 실패로부터 터져 나온 것이었다.

하지만 비주류에 마이너리그 출신인 노무현의 험로가 그쯤에서 끝난 것은 아니었다. 같은 당의 인사들에게까지 인정을 받지 못했던 것이다. 그러나 그건 어디까지나 정치인들의 문제였다. 투표권을 지닌 유권자들은 어떤 위기에도 굴하지 않고 질 것 같은 싸움인데도 편법을 쓰지 않고 정공법으로 치고 나가는 노무현에게 마지막까지 박수를 아끼지 않았다. 그 덕분에 노무현은 지는 선택을 했으면서도 최후의 경기에서 이겼다.

지금 졌다고 다 진 것은 아니고, 지금 졌다고 종국에도 지는 것 또한 아니다. 옳은 일이라고 생각하면 죽을 때 죽더라도 할 건 해야 한다. 우공이산의 정신을 사랑했던 노무현 대통령. 현명하기를 원하지도 않았고 현명하지도 못했지만 현명했다. 머리를 따르지 않고 뜨거운 가슴을 믿었기 때문이다.

"언제 대통령이 되어야겠다고 마음먹었습니까?"

"글쎄요. 딱히 언제라고 말하기가……. 대통령을 해야겠다고 말한 적은 있었지만 그게 꼭 그런 것이라고 하긴 좀 그렇지요."

"그럼 언제 대통령이 될 줄 알았습니까?"

"거의 마지막이 되어서야……."

2006년 3월 《경향신문》 편집국장 시절, 노무현 대통령과 단독회견을 끝내고 점심을 하기 위해 함께 청와대 영빈관으로 향하는 길이었다. 평소 개인적으로 궁금했던 두 가지 질문을 던졌지만 예상했던 대로 대통령의 대답은 그다지 명쾌하지 않았다. 그것은 그가 일생의 목표를 대통령에 두지 않았으며 실패는 예상 가능한 길, 성공은 극히 불투명한 길을 선택했기 때문이었는지도 모르겠다.

이인제의 '이기는' 선택?

이인제는 매우 열정적인 사람이다. 충만한 에너지로 만나는 사람을 들뜨게 하기도 한다. 내가 《경향신문》 사장으로 있을 때 우연히 그를 만난 적이 있다. 그는 대뜸 엄지손가락을 치켜들면서 "《경향신문》 정말 강해요. 최고입니다. 정말 열심히 보고 있습니다. 파이팅 하십시오"라며 덕담을 쏟아냈다. 길지 않은 시간이었지만 그는 자신의 최근 동정을 기억하기 좋게끔 정리하여 전달했다.

이인제는 영민하고 강한 사람이다. 언제나 눈에서 빛이 쏟아져 나온다. 40대기수론을 외칠 만한 자격이 있었다. 그리고 그는 한동안은 그렇게 계획대로 나아갔다. 이인제는 3당 합당에 대해 부정적이지 않았다. 그는 "결단을 주도한 김영삼에 대한 굳건한 믿음을 가지고 있었다. 그가 독재세력에 굴종하기 위해 통합한 것이 아니라, 안에서부터 독재세력을 제압하여 민주화를 앞당기겠다는 의지로 통합을 결단했을 것이 틀림없다"고 믿었다. 그의 생각대로 김영삼은 많은 방해 공작을 뚫고 대통령이 되었다. 그에게 확실한 믿음을 보냈던 이인제는 1992년 제14대 국회의원에 당선된 후 1993년 노동부 장관에 올랐으며, 이러한 경력을 발판삼아 경기도지사 선거에 출마하여 1995년 첫 민선지사가 되었다.

거침없는 행보였다. 경륜이 쌓이면서 대중적인 인기도 점점 올라갔다. 젊은 정치인 이인제는 과감히 대통령이 되고자 주사위를 던졌다. 1997년 신한국당 대통령 경선에 나선 이인제는 특유의 바람몰이로 경선을 선도했다. 여론조사 1위의 성적을 바탕으로 대세론을 펼쳤다. 미국의 클린턴, 영국의 블레어 등이 정상에 오르는 추세여서 그의 행보에도 신바람이 났다. 하지만 조직을 장악하지 못했다. 결국 그는 이회창에게 무릎을 꿇었다. 억울했다. 억울할 수 있는 상황이기도 했다. 게다가 신한국당 대통령 후보인 이회창은 아들의 병역 문제로 지지율이 10퍼센트대로 급락하는 치명타를 입게 된다. 이인제는 돌연 결단을 내린다. 그가 내린 선택은 탈당 후 신당을 창당하여 대통령 뽑기 결승전에 진출하는 것이었다.

이인제는 '이회창 후보가 국군통수권자로서의 자격이 없다'는 명분을 내세우며 몸 담았던 신한국당을 버리고 국민신당을 창당한 후 독자적으로 출마했다. 그의 선택은 어느 선까지는 괜찮은 듯 보였다. 한때는 지지율에서 국민회의의 김대중 후보를 앞지르기도 했다. 하지만 선거전이 치열해지면서 경선불복 문제가 다시 거론되자 그의 지지율은 점점 떨어졌다. 그래도 이인제는 맨손 출마로 5백만여 표를 얻었다.

졌지만 아주 초라하지는 않은 성적표를 받게 된 이인제는 국민신당을 1998년 DJ의 새정치국민회의에 넣으며 다시 양지로 나왔다. 그리곤 2000년 민주당 총선 선대위원장으로 역할을 다하는 한편 본인은 논산에서 출마, 어렵잖게 국회의원으로 돌아왔으며 2002년 새천년민주당 대통령 경선에 당당히 나섰다.

경선 전만해도 대세론에 불을 지피며 단독선두를 달렸던 이인제는 늘 지기만 했던 군소후보 중 한 명이었던 노무현에게 결정타를 얻어맞아 레이스를 포기할 수밖에 없었다. 여러 달 동안 단독선두를 달리다가 불과 한 달여 만에 어이없게 추월당한 데에는 여러 가지 이유가 있다. 정치권에서는 조직, 바람, 리더의 마음 등을 꼽지만 국민의 눈에 비친 승패의 원인은 노무현의 지조였다. 지조 때문에 10여 년간 음지를 떠돈 노무현과, 그것과는 관계없이 양지만을 활보한 이인제 중 누가 리더가 되어야 하는가를 따져서 결정했다고 볼 수 있다. 이인제가 이번엔 경선불복 후 억지로 결승에 나서는 일은 하지 않았다. 하지만 곧 탈당, 이회창을 지지하며 자유민주연합에 입당하고 2004년 제17대 국회에서 그 당의 이름으로 배지를 달았다.

두 번의 패배, 그러나 이인제의 도전은 끝나지 않았다. 2007년 민주당 대선후보로 나서 이명박, 정동영 등과 싸웠지만 득표율 0.7퍼센트라는 초라한 성적표를 받아들고 쓸쓸히 퇴장했다. 1년 후에는 통합민주당 국회의원 공천에도 탈락했지만 그는 무소속으로 출마하여 다섯 번째 배지를 달게 된다.

경기도지사를 하느라 빠진 것을 제외하면 이인제는 늘 국회의원에 뽑혔다. 그러나 같은 당의 이름으로 배지를 단 적이 없다. 1988년엔 통일민주당, 1992년엔 신한국당, 2000년에 민주당, 2004년엔 자민련, 그리고 2008년에는 무소속이었다. 대단히 끈질긴 생명력이지만 그로 인해 이인제는 '철새 정치인'이라는 소리를 듣게 되었다. 우리나라의 정치 특색에 따라 당명이 바뀌어 그렇게 된 적도 있지만 정치 입문 이십수년 만의 기록치곤 말 그대로 변화무쌍이다.

정치계에서의 철새는 여전히 부정적인 단어이다. 많은 국민들은 오로지 자신의 이익만을 위해, 오로지 이기는 쪽에 서기 위해, 편안한 양지를 향해 이리저리 몸과 마음을 움직이는 모리배라는 의미로 받아들이고 있다. 뻔히 손해를 볼 줄 알면서도 좋은 쪽이나 힘 있는 편에서 나쁜 쪽이나 약한 편으로 옮기는 것은 그래서 철새라고 하지 않고 소신파라고 한다. 정서적 용어인 철새의 벽을 뚫는 것이 정말 만만찮은 이유이다.

결과를 미리 알 수 있다면 선택은 쉽다. 마지막에 웃을 수 있다면 초반의 고생이나 중반의 고비는 얼마든지 참을 수 있다. 용기 있는 자는 역경에 의해 시험된다. 비겁한 자는 여러 번 죽지만 용기 있는 자는 한 번 죽기 때문이다. 언젠가 죽기는 마찬가지지만 바로 눈앞의 일도 알 수 없는 것이니 선택은 그래서 모호하고 힘들어진다.

노무현 대통령은 이제 이승에서의 선택을 끝냈다. 이인제 의원은 아직 살아 있고 여전히 활기차게 움직일 수 있으므로 선택의 여지가 있다. 앞의 많은 선택들이 다음 선택에 부담이 되긴 하겠지만 말이다.

| 인생의 중대사 1 |

어떤 일을 할 것인가?

워렌 버핏에게 한 대학생이 물었다.

"직업 선택의 고민이 많은데 어떤 일을 선택하는 것이 좋겠습니까?"

"지금은 힘들어도 10년 후엔 좋아질 것 같다는 회사, 지금 보수가 적지만 10년 후에는 월급이 10배는 뛸 것 같은 회사는 선택하지 마세요. 지금 즐겁지 않으면 10년 후에도 즐겁지 않을 겁니다. 지금 자신이 가장 좋아하는 일을 선택하길 바랍니다."

가장 좋아하는 일이 무엇인지 잘 파악해야 한다. 자신의 생각에 사회적 가치가 알게 모르게 스며들었기 때문이다. 수입, 전망 등 기타 요소들을 모두 제외한 채 자신만의 생각을 적용해야 한다.

좋아하는 건 현실이고, 하고 싶은 일은 일종의 꿈이고 희망사항일 수도 있다. 어느 여론기관에서 졸업을 앞둔 대학생 1천 명을 상대로 '원하는 직장'에 대해 알아보았다. 설문조사 결과 1위는 돈이었다. 설문에 응한 대학생의 37퍼센트 가량이 많은 수입을 첫째로 꼽았다. 2위는 장래 전망 및 발전 가능성(25퍼센트)이었고 3위가 적성 및 취미(19퍼센트), 4위가 근무환경(10퍼센트)이었으며 그 뒤를 신분보장, 전공 살리기가 이었다. 하고 싶은 일과는 거리가 먼 대답이었다. 우선은 만족할지 모르지만 필경 후회를 하게 될 선택들이다. 내 삶을 산 것이 아니라 남의 삶을 살았기 때문이다.

가장 잘하는 일, 또는 가장 잘할 수 있는 일을 가장 먼저 하는 것이 중요하다. 그러자면 잘하는 일을 먼저 찾아야 한다. 간혹 잘할 수 있는 재능을 놓쳐 엉뚱한 곳에서 소질과 시간을 낭비하는 경우도 꽤 있다. 좋아하는 일, 하고 싶은 일, 잘할 수 있는 일은 겹치기도 하지만 서로 동떨어질 수도 있다. 하지만 좋아하는 일을 열심히 하다 보면 결국 잘할 수 있으며, 하고 싶은 일에 열정을 바치면 좋아하게도 되고 잘하게 된다. 잘하게 되면 좋아하게 된다.

'다름'을 가르치는 대안학교인 거창고등학교는 학생들에게 취업 10계명을 가르친다. 고등학생이 아니더라도 한번쯤 음미해볼 가치가 있다.

1) 월급이 많은 쪽보다 적은 쪽을 택하라.
2) 내가 원하는 곳이 아니라 나를 필요로 하는 곳을 택하라.
3) 승진 기회가 거의 없는 곳을 택하라.
4) 모든 것이 갖추어진 곳을 피하고 처음부터 시작해야 하는 황무지를 택하라.
5) 앞 다투어 모여드는 곳에는 절대 가지 말고 아무도 가지 않는 곳으로 가라.
6) 장래성이 전혀 없다고 생각하는 곳으로 가라.
7) 사회적 존경 같은 것은 바라볼 수 없는 곳으로 가라.
8) 한가운데가 아니라 가장자리로 가라.
9) 부모나 아내나 약혼자가 결사반대를 하는 곳이면 틀림없으니 의심하지 말고 가라.
10) 왕관이 아니라 단두대가 기다리고 있는 곳으로 가라.

터무니없는 가르침이다. 즐겁게 고생문으로 돌진하기를 권하고 있으니. 하지만 10계명을 관통하고 있는 깊은 의미를 되새겨보면, 보통의 우리가 오히려 터무니없음을 알게 된다. 사람마다 생각이 다르니 무조건 맹신하고 따를 일은 아니다. 그러나 직업을 선택해야 할 때 이런 가르침을 떠올려보는 것만으로 많은 도움이 될 것이다.

2장

뱀처럼 지혜롭게 선택하라

"빠르기는 바람과 같을 것이며, 쳐들어가고 빼앗는 것은 불길과 같아야 한다. 움직이지 않을 때는 산과 같고, 알 수 없기로는 어둠과 같으며, 움직임은 천둥과 벼락과 같아야 한다."

약점을 보완할 것인가 강점을 강화할 것인가

김태식을 망친 조언

사람은 누구나 강점과 약점을 지니고 있다. 약점 없는 완벽한 인간이면 좋겠지만 약점이 있기에 인간이다. 가정이나 학교에서의 배움은 약점을 줄이는 역할을 하고 사회생활을 하면서 산교육을 터득하는 것 역시 단점을 고쳐나가기 위해서이다.

문제는 약점이나 단점을 줄이거나 고치기가 매우 어렵다는 점이다. 태어날 때 이미 그렇게 타고났거나 아니면 오랜 기간의 교육이나 습관에 의해 이미 내 속에 들어와 자리를 잡았기 때문이다. 그래서 약점을 보완하기보다는 강점을 강화하는 것이 쉽고 빠르다. 자신이 잘하는 것이어서 흥미를 느끼게 되고 자신감도 있어서이다. 강점을 더 키우면 약점도 잘 보이지 않을 뿐 아니라 그 약점마저 강점으로 작용하기도 한다.

그러나 많은 경우 약점을 보완하는 것에 더 신경을 쓴다. 약점 때문에 강점이 부각되지 않을 것을 염려해서이다. 약점만 보강하면 천하무적이 될 거라는 생각은 얼핏 그럴 듯하게 들린다. 하지만 현실에서는 계산대로 되지 않는 경우가 많다.

1980년대 초, 김태식이라는 복서가 있었다. 그의 주먹은 전설이 되기에 충분했다. 161센티미터, 48킬로그램의 플라이급 선수라고는 도저히 믿을 수 없는 주먹이었다. 9연속 KO승, 그것도 대부분 3회 이전에 끝냈다. 스피드를 겸비한 그의 돌주먹은 동급 최강을 뛰어넘어 위로 서너 체급까지 석권할 수 있었다.

김태식은 불과 14전 만에 세계타이틀전을 가졌다. 처음 그가 타이틀전에 나선다고 했을 때 많은 전문가들이 말리고 나섰다. 주먹은 세지만 아직은 마구잡이식이라 불안하다는 분석이었다. 서두르다가 망치지 말고 좀 더 기량을 다듬은 후 도전해야 한다고들 했다. 그러나 자신의 주먹을 믿는 김태식은 프로모터를 졸라 챔피언 도전을 강행했다. 그리고 1980년 2월 17일 장충체육관 특설 링에 올랐다. WBA 플라이급 챔피언 타이틀전이었다. 챔피언은 파나마의 루이스 이바라. 좌우 주먹을 자유자재로 쓰는 기교파인 데다 주먹도 강한 편이었다.

"약점을 보완하는 일은 강점을
죽이지 않는 선에서 이루어져야 한다.
강점을 파먹고 들어오는 약점 보완이라면
시간과 공을 들여 할 필요는 없다."

왼손잡이인 이바라는 1라운드 초반 마치 오른손잡이인 것처럼 스탠스를 취하며 왼손 잽을 던지는 변칙작전으로 김태식을 당황하게 만들었다. 하지만 그것뿐이었다. 1분이 채 지나지 않아 김태식의 주먹이 날기 시작하면서 이바라는 정신줄을 놓고 말았다. 말 그대로 소나기였다. 쉴 새 없이 터지는 그의 주먹 앞에서 이바라는 맥없이 무너졌다. 경기시간은 고작 4분 11초였다. 김태식은 2회 1분 11초 KO승을 거두며 첫 도전에서 세계타이틀을 차지했다.

무시무시한 돌주먹의 탄생, 모두가 롱런을 예상했다. 하지만 불과 10개월 뒤 김태식은 무너지고 말았다. 그해 12월 미국 LA에서 벌어진 2차 방어전에서 남아공의 피터 마테블라에게 15회 판정패, 타이틀을 빼앗겼다. 김태식답지 않은 졸전이었다. 돌주먹은 끝내 위력을 발휘하지 못했고 수없이 터지던 주먹 역시 잠잠했다.

김태식의 돌주먹은 왜 갑자기 사라진 것일까. 우려와는 달리 김태식이 타이틀을 따내자 머쓱해질 법도 했지만 전문가들은 더욱 목소리를 높였다. 운이 따라서 챔피언이 되었지만 챔피언이 되는 것보다 지키는 것이 훨씬 힘들다면서 지금이라도 테크닉을 보완하라고 핍박했다. 그 정도 주먹에 기량을 조금 더 가미한다면 10차 방어는 문제없다는 진단이었다. 사실 틀린 말은 아니었다. 그의 복싱은 링에서 배운 교과서적인 복싱이 아니었다. 머리로 이론을 배우고 이론에 의해 기술을 익힌 '고급 복싱'이 아니었던 것이다. 본능적이랄까, 감각적이랄까. 하여튼 그런 쪽이 몸에 밴 스트리트파이터 형이었다. 일단 기회를 잡으면 소나기처럼 쏟아져 나오는 주먹도, 사냥에 나선 호랑이가 먹잇감을 발견하곤 전력 질주하는 것과 같은 것이었다. 배워서 아는 게 아니었다.

김태식이 타이틀을 딸 때 이바라에게 퍼부은 주먹은 총 221개. 1.13초에 한 개꼴이지만 김태식이 맞은 시간이나 탐색했던 시간을 빼면 가히 가공할 주먹질이었다. 체력이나 스피드가 없으면 불가능하다는 계산이 나온다. 그러면 그의 주먹이 모두 이바라에게 꽂혔는가. 그렇지 않다. 제대로 맞은 것은 아마도 절반 미만일 것이다. 그걸 보고 전문가들은 기술을 더 익혀서 정타만 날린다면 힘을 비축할 수 있다고 했지만, 정작 그와 싸운 이바라는 김태식의 헛주먹에 얼이 빠졌다고 했다. 경기 후 이바라는 헛주먹의 위력이 정타 못지않았다고 털어놓았다.

"얼굴 앞으로 지나가는 주먹에서 쉿소리가 났다. 저 주먹에 제대로 맞으면 죽을지도 모르겠다는 생각이 들었다. 투지가 꺾이고 주눅이 들 수밖에 없었다."

김태식은 전문가들의 말을 듣지 말았어야 했다. 테크닉을 보완한다며 폼을 고치고 복싱 스타일을 바꾸려다가 본래의 복싱마저 잊어버리고 말았다. 잽을 한두 개 날리다가 강펀치를 먹이는 교과서적인 복싱은 그에게 맞지 않았다. 상대의 주먹을 몇 개 허용하더라도 끊임없이 파고들다가 허점이 보이면 지체 없이 쳐들어가 소나기 펀치를 날리는 스타일. 변칙이지만 스피드와 힘, 매처럼 좋은 눈이 없으면 구사할 수 없다. 흔치 않은 스타일. 김태식을 만난 정통파들 중에는 당황하다가 무너지는 경우가 허다했다.

무더운 여름날 몸에도 맞지 않는 털옷을 걸치게 된 김태식. 배운 대로 할 것인지, 원래 스타일대로 할 것인지 사이에서 고민하다가 죽도 밥도 안 된 것이었다. 싸울 땐 오직 싸움에만 집중해야 하는데 그렇지 못했으니 신나게, 원 없이 싸워보지도 못하고 갑자기 시들어버렸던 것이다.

약점을 보완할 것인가, 강점을 강화할 것인가. 선택의 문제이고 케이스에 따라 달라질 수 있다. 일반적인 상황이라면 강점을 더욱 강화하는 편이 좋다. 더욱이 요즘처럼 전문화된 지식, 기술이 필요한 시대에는 더더욱 그러하다. 물론 약점을 보완하는 일도 중요하다. 약점이 강점을 뒤덮어버릴 수 있기 때문이다. 약점을 보완하는 일은 그래서 강점을 죽이지 않는 선에서 이루어져야 한다. 강점을 파먹고 들어오는 약점 보완이라면 시간과 공을 들여 할 필요는 없다.

특히 자신의 강점이 다른 사람은 가지기 힘든 것이고 그 강점을 무엇보다 사랑한다면, 누가 뭐라고 해도 강점 강화 쪽으로 노선을 잡는 것이 좋다. 몸에 밴 것이라 쉽기도 하고 효과도 더 크다. 김태식이 스피드와 임팩트를 더욱 강화하여 자신의 스타일을 고집했더라면 그렇게 허무하게 무너지지는 않았을 것이다.

변화의 시기에는 몸을 낮추어야 할 때도 있다

안성기의 주제파악

상황은 수시로 변한다. 변하는 상황에 따라 선택도 바뀌어야 한다. 시류도 변한다. 예전에는 금과옥조였던 것도 세월이 흐르다 보면 쓸데없는 헛소리가 되기도 한다. 그러나 어떤 경우라도 원칙은 있어야 한다. 자신만의 원칙이 없으면 우왕좌왕하게 된다.

상황이 변하지 않아도, 시류가 변하지 않아도 다른 선택을 해야 할 때도 있다. 선택을 해야 하는 자신이 변하기 때문이다. 후배였다가 선배가 되고, 쓸 만한 재목이었다가 별 볼일 없는 인사로 전락하기도 한다. 그게 인생이다. 언제까지나 독야청청할 수는 없는 일이고 보면 선택도 달라져야 한다. 그렇지 않고 잘나갈 때만 생각하며 고집을 피우다간 역풍을 맞아 그나마도 건지지 못할 때가 많다. 누군가 전보다 못한 역할을 제시하거나 부탁하면 다 그럴만한 이유가 있다. 현재 자신이 어디에 서 있는가를 잘 파악하는 것이 매우 중요하다.

'국민'이라는 단어는 간단한 단어가 아니다. 함부로 써선 안 되는 말이다. 예전에는 정치인들이 많이 사용했다. 그들은 상황이 잘 안 풀리거나 그다지 좋은 행동을 하지 않을 때 국민을 운운했다. 나쁜 속을 들키지 않으려고 국민을 볼모로 삼았다. 사실이든 아니든 명분 찾기가 그들의 주목적인데, 국민을 자주 찾는 정치인치고 제대로 된 정치인은 별로 없었다. 국민들 그 누구도 그들의 겉 다르고 속 다른 행동에 속지 않았다.

요즘은 연예인들이 많이 가져다 쓴다. 물론 정치인들처럼 직접 차용하지는 않는다. 팬들이 국민 배우, 국민 가수니 하는 칭호를 붙인다. 지나치게 남발하다보니 국민 배우, 국민 가수 아닌 연예인이 없을 정도이다. 국민 여동생, 국민 남동생, 국민 오빠도 모자라 국민 이모, 국민 고모까지 등장했다. 그야말로 국민이 동네북이 되었지만 그래도 안성기 정도면 국민 배우라는 소리를 붙여도 무색하지 않을 듯하다.

여섯 살 어린 나이에 영화계에 데뷔한 아역 스타 출신의 안성기는 스물일곱에 성인 연기자로 거듭났다. 아역에서 성인역으로 넘어갈

"'왕년에'는 언제나 박물관에 집어넣어야 하는 단어이다.
과거는 이미 흘러갔다.
날아간 방귀와 씨름할 수는 없는 노릇이다."

때 다소의 어려움이 있었다. 세 편의 영화에서 주인공을 맡아 연착륙했지만 흥행에는 실패했다. 그러나 그는 '뜻을 가지고 계속 생각하고 있으면 기회가 오고, 계속 원하면 반드시 만나므로 그때를 위해 더 열심히 준비'하여 2년여 동안의 슬럼프를 탈출했다.

이후 안성기는 수많은 영화에서 주인공으로 활약하여 스타의 반열에 올랐다. 그러던 그에게 1999년 이명세 감독이 함께 영화를 찍자고 했다. 〈인정사정 볼 것 없다〉는 제목의 액션영화였다. 나쁠 것 없다고 여긴 그는 흔쾌히 그러자고 했다. 하지만 문제는 그 다음이었다. 감독이 그에게 제시한 배역은 주인공이 아니라 조연이었다. 안성기는 당황했다. 지금껏 주인공밖에 한 적 없는 자신에게 느닷없이 조연이라니. 주연급 조연이긴 했지만 그래도 조연은 조연 아닌가. 과연 후배인 박중훈을 앞세우고 연기를 해야 할 것인가. 그것도 대사라곤 중얼거리듯 하는 한 마디뿐인데.

망설일 수밖에 없었다. 자존심을 비롯해 고려해야 할 것들이 제법 있었다. 그는 자신이 서 있는 위치를 생각했다. 어느새 쉰을 향해 달려가고 있는 나이. 변해야 할 때가 되었다는 생각이 들었다. 변하지 않으면 맡을 역도 점차 없어질 거라는 생각도 들었다. 한 발짝 뒤로 물러나는 게 순리일 것 같다는 생각도 들었다. 주인공이냐 아니냐가 중요한 게 아니라 어떤 역을 얼마나 잘할 수 있느냐가 중요한 시점이었다. 자신의 위치를 따져보니 감독의 조연 배역 제시가 오히려 자연스럽다는 판단을 내렸다. 비록 타의긴 하지만 변해야 할 때 변할 수 있는 좋은 기회였다.

출연했던 100여 편 중에서 주인공을 하지 않은 영화가 있었던가. 대사 한마디 제대로 안한 영화가 있었던가. 첫 경험이었다. 경륜은 쌓였지만 나이를 먹었기에 퇴보를 선택했다. 그리고 그 영화로 남우조연상을 받았다. 대상, 남우주연상은 많이 받았지만 조연에게 주는 상은 처음이었다. 조연이라고 해도 안성기는 안성기였다. 그가 조연을 연기했다고 해서 '안성기의 시대'가 갔다고 생각하는 사람은 없었다. 그 혼자만의 우려였다. 그 우려를 우려해서 멋있는 조연을 맡지 않고 버텼다면 국민 배우는커녕 이미 사라졌을지도 모를 일이다.

'왕년에'는 언제나 박물관에 집어넣어야 하는 단어이다. 과거는 이미 흘러갔다. 날아간 방귀와 씨름할 수는 없는 노릇이다. 흘러간 과거에 집착하다간 현재와 미래를 망치게 된다. 젊어 한때 잘 나갔다며 불평불만을 일삼거나 대우를 안 해준다고 투덜대다간 말년에 낙오자가 될 수도 있다. 나이에 맞게, 현재 자신의 위치에 맞게 변해야 망신을 당하지 않는다.

그러나 과거의 자존심까지 버릴 필요는 없다. 자칫 급한 마음에 일을 망칠 수도 있기 때문이다. 현재가 비록 과거보다 못해도 자존심을 지니고 있어야 당당할 수 있다. 과거의 나는 나의 변하지 않는 역사다. 역사는 있는 그대로 간직하는 것이 옳다.

정확한 형세판단이 협상의 성공을 좌우한다

서희의 담판

싸움에서 유, 불리를 결정하는 것은 힘이다. 힘이 세다면 일단 유리하다. 힘이 세고 기량마저 낫다면 더욱 유리하다. 힘이 세고 기량이 나은 터에 의지까지 강하면 싸움은 이미 끝난 것이다. 그러나 싸움은 해봐야 안다. 의외의 결과가 나온 경우가 매우 많다.

객관적인 전력이 열세임에도 이기는 것은 전술의 차이다. 약세를 뒤집을 수 있는 여러 요인 중 하나는 정확한 형세판단이다. 드러나지 않은 전력, 상대의 숨은 의도를 파악하여 대처하면 절대 불리한 싸움에서도 승리를 만들어낼 수 있다.

거란의 약진세는 대단했다. 발해 땅을 차지한 후 요동의 정안국을 집어 삼키며 압록강까지 영토를 넓혔다. 북으로는 송나라, 남으로는 고려와 경계를 이룬 거란은 993년 마침내 소손녕을 대장군으로 삼아 압록강을 건넜다. 소손녕은 봉산군에서의 첫 전투에서 고려군을 대파한 후 항복을 강요했다. 소손녕은 거란이 고구려의 계승자임을 밝히며 고려가 차지하고 있는 고구려 옛 땅을 내놓으라고 했다. 순순히 내놓지 않으면 80만 대군을 앞세워 짓쳐 들어가겠다고 큰소리쳤다.

고려 조정은 죽 끓듯 했다. 다행히 안융진에서 거란군의 2차 공세를 막아내긴 했지만 소손녕의 위협이 결코 허언이 아님을 알고 있었다. 난상토론이 이어졌지만 결론은 뻔한 것이었다. 서경 함락이 충분히 예상되는 풍전등화의 상황, 피비린내 나는 전쟁 끝에 모든 걸 잃기보다는 일부를 내주는 게 나았다. 결국 성종은 거란의 요구대로 서경 이북의 땅을 떼어주고 화친하는 쪽으로 결정했다.

이때 중군사 서희가 나섰다. 거란의 군대가 강하다고 그들의 억지 요구를 들어줬다가는 다음에 더 큰 것까지 잃게 된다며 목소리를 높였다. 달리 뾰족한 수가 없어 포기하려고 했던 성종은 지푸라기를 잡는 심정으로 서희를 협상단으로 보냈다.

서희는 판세를 짚고 있었다. 소손녕이 정말 침공할 작정이었다면 봉산군에 머물러 있지는 않았을 것이다. 엄청난 대군을 거느리고도 공갈만 치는 이유는 고려 침공이 주목적이 아니기 때문이다. 그들이

"싸움은 해봐야 안다.
드러나지 않은 전력,
상대의 숨은 의도를 파악하여 대처하면
절대 불리한 싸움에서도 승리를 만들어낼 수 있다."

노리는 바는 송나라다. 송을 치기 전 송과 친한 남쪽의 고려를 먼저 손봄으로써 협공을 피하는 게 목적이다. 거란의 속뜻은 고려가 송을 멀리하고 그들과 친하게 지냄으로써 후환을 없애자는 것이다. 서희에겐 자신이 있었다. 약자라서 약하게 나가다간 당하지만 저들의 약점을 파고들면서 강하게 나가면 원하는 바를 이룰 수 있다고 믿었다.

서희는 협상장에 일부러 늦게 나갔다. 먼저 뜰에서 절부터 하라는 소손녕의 요구도 그건 군신 간에 하는 것이라며 일언지하에 거절하며 대등하게 맞섰다. 서희의 예상대로였다. 소손녕은 두 가지 이유를 들었다. 거란은 고구려를 잇고 고려는 신라에서 일어났으니 거란이 서경 이북 땅을 가져야 한다는 것과, 고려가 거란과 이웃하고 있으면서 바다 건너 송나라를 섬기는 건 잘못이라는 것이었다.

서희는 고려가 고려인 것은 고구려의 후손이기 때문이고, 따라서 고려 땅은 압록강 너머까지라는 점을 강조했다. 이어서 그는 고려 역시 거란과 친교하고 싶지만 여진이 그 땅을 차지하고 길을 막고 있어 바다를 건너는 것보다 오히려 더 힘들다고 말했다. 그러면서 여진을 쫓아내고 고려의 옛 땅을 되찾게 되면 거란과 당연히 친교할 것임을 약속했다.

서희의 빈틈없는 논리에 설득당한 소손녕은 퇴군의 확실한 명분을 찾았고 압록강 유역을 고려의 영토로 인정했다. 서경 이북 땅을 넘겨

주면서 항복의 굴욕을 당할 뻔했던 고려는 정세를 정확히 읽은 서희의 외교적 승리를 발판으로 압록강 동쪽의 여진족을 내몰고 장흥진, 귀화진 등에 강동6주의 기초가 되는 성을 쌓고 강역을 압록강까지 넓혔다.

전력의 강약보다 더 중요한 것이 형세판단이다. 약소국이 강대국에게 잡아먹히지 않고 훌륭하게 살아나가는 비결이다. 지정학적 위치를 잘 활용하거나 국제조류를 잘 읽으면 도움을 받으면서도 굽실거리지 않아도 된다. 오히려 큰소리치면서 원하는 흐름을 만들어낼 수도 있다. 등거리 외교니 원교근공, 근교원공이니 하는 말이 나오는 이유다. 개인사에서는 명분이 중요하지만 국제사회는 철저하게 실리가 먼저다. 외교정책 하나에 죄 없는 국민이 당할 수 있기 때문이다.

서희는 명분보다는 실리를 택했다. 그 실리는 송은 멀고 약하지만 거란은 가깝고 강하다는 형세판단에서 비롯되었다. 또 다른 서희가 있었다면 똑같은 상황이 벌어진 640년 후 삼전도의 굴욕은 없지 않았을까.

친구 따라 강남 가지 마라

정준호의 부화뇌동

어느 날 붓다가 제자들과 함께 길을 걷고 있었다. 석가는 한 제자에겐 생선을 묶었던 새끼줄을 잡게 하고 다른 제자에겐 향을 쌌던 주머니를 잡게 했다. 그리곤 냄새를 맡게 했다. 생선 줄을 잡은 손에선 비린내가 나고 향주머니를 잡은 손에선 향내가 났다.

"나쁜 친구와 어울리면 언젠가는 나쁜 인간이 되고, 좋은 친구와 어울리면 감화를 받아 선한 사람이 된다."

붓다의 말이 아니더라도 참된 친구와 어울리는 것은 참 어려운 일이다. 무리지어 다니며 웃고 떠들어대지만 평소엔 잘 알아볼 수 없기 때문이다. 오죽하면 필리핀 사람들이 '참된 친구를 만나는 것보다는 바다가 마르는 것을 기다리는 게 더 쉽다'고 했겠는가.

노후를 대비해 젊었을 때부터 꼭 저축해야 할 세 가지가 있다. 돈, 친구, 취미다. 나이가 들면 학력이나 인물은 대부분 다 그게 그거다. 하지만 돈은 평준화가 안 된다. 친구는 옛 친구가 좋다. 흉금을 털어놓을 옛 친구가 없으면 돈이 아무리 많아도 쓸쓸하다. 새로운 친구는 기쁨은 같이할 수 있지만 아픔은 같이하지 않는다.

친구는 그렇게 참 소중하지만 좋은 친구도 있고, 그저 그런 친구도 있고, 질투하거나 미워하는 친구도 있는 것이어서 그저 허허거리며 휩쓸려 다녀선 안 되는 일이다. 특히 호기만발한 젊은 시절에는.

영화감독 곽경택은 〈친구〉의 두 주인공으로 유오성과 정준호를 점찍었다. 곽 감독과 영화제작진은 TV드라마 〈왕초〉에서 50년대 정치 주먹 이정재 역을 연기하는 정준호에게 깊은 인상을 받았다. 영화 속 인물이 요구하는 선 굵은 남성적 연기를 멋지게 소화할 수 있는 캐릭터였다. 정준호도 곽 감독의 제의에 긍정적이었다. 순식간에 빨려들 정도는 아니었지만 수준급이라고 판단했다.

그러나 영화촬영이 다소 늦어지면서 문제가 생겼다. 절친인 신현준을 비롯해 주변의 몇몇 지인들이 〈친구〉의 출연을 반대하고 나섰다. 그들은 곽 감독의 이전 작품인 〈억수탕〉과 〈닥터K〉가 흥행에 실패한 점을 들었다. 한 친구는 작품성도 별로였다며 말렸다. 그러던

"친구는 옛 친구가 좋다.
흉금을 털어놓을 옛 친구가 없으면
돈이 아무리 많아도 쓸쓸하다.
새로운 친구는 기쁨은 같이할 수 있지만
아픔은 같이하지 않는다."

차에 또 다른 제의가 들어왔다. 소방관들의 이야기를 다룬 〈싸이렌〉이었다. 구미가 당기는 시나리오였다. 이미 그 영화에 출연하기로 한 신현준도 거들었다. 같이 출연해 좋은 영화를 찍자고 했다. 내용도 마음에 드는 데다 함께 어울릴 수 있는 망외의 기쁨까지 있었다. 덥석 물었다.

〈싸이렌〉이 먼저 개봉했다. 이듬해 〈친구〉도 개봉했다. 장동건이 정준호가 맡기로 했던 동수 역을 연기했다. 〈친구〉는 공전의 히트를 기록했다. 820만 명의 관객을 동원했다. 당시로는 역대 최다 관객동원 기록이었다. 〈싸이렌〉은 참패했다.

〈싸이렌〉에 관객이 많이 들지 않았을 때만 해도 정준호의 속은 그리 쓰리지는 않았다. 아쉬움이 있었지만 그럴 수도 있지 하면서 자위했다. 그러나 〈친구〉의 대박을 보자 속이 뒤집혔다. 배가 고픈 건 참을 수 있지만 배가 아픈 건 참을 수 없는 법이다. 조급하게 결단한 자신이 한없이 미웠다. 알지도 못하면서 잘못된 선택을 하게끔 옆에서 속삭거린 사람들은 더 미웠다. 하지만 어쩌랴 이미 엎질러진 물인 것을. 언젠가 정준호와 신현준이 TV토크쇼에 함께 출연해 밝힌 내용이다.

'친구 따라 강남 간다'는 우리네 속담이 있다. 친구를 위해 먼 길을 마다않는다는 뜻과 줏대 없이 하자는 대로 한다는 이중의 뜻이 있다.

친구가 괜찮다는데도 굳이 동행을 했다면 문제될 건 없다. 직접 선택했고 그로 인해 발생하는 크고 작은 문제도 자신이 책임진다는 자세여서 뒤탈이 없다.

그러나 싫은데도 끌려가는 것이라면 다시 생각해볼 일이다. 사실은 친구의 권유부터가 문제다. 자신이 심심해서, 자신의 앞길이 걱정돼서, 아무래도 도움 받을 일이 생길 것 같아서 동행을 강요하는 경우가 많다. 다른 누가 뭘 해서 잘 되는 걸 보고 따라할 때도 같은 경우다. 하지만 어떤 경우라도 친구 따라 강남 가면 낭패를 본다. 특별히 목적이 있는 것도 아니고 딱히 할 일이 있는 상황도 아니니 당연하다. 처음 선택한 사람은 확실한 목적이 있지만, 그저 따라나서고 본 부화뇌동의 선택에선 얻을 수 있는 게 아무것도 없다.

위기에 더욱 필요한 머리싸움

홍수환의 사전오기

힘든 일은 늘 있게 마련이다. 큰일이든 작은 일이든 마찬가지다. 더러는 간단하게 벗어날 수 있지만 도저히 벗어나기 힘든 경우도 있다. 하지만 힘든 위기를 벗어나는 일이 정말 중요하다. 벗어나기 힘들기 때문에 위기이고 그런 위기를 겪어야 원하는 것을 얻을 수 있다.

위기 극복법은 여러 가지가 있을 수 있다. 참고 또 참아야 할 경우도 있고 다른 길로 우회할 수도 있으며 잠시 숨을 고른 후 다시 도전하는 방법도 있다. 하지만 어떤 경우라도 생각하고 또 생각해야 한다. 상황을 판단한 뒤 어떤 방법을 선택할 것인지 고려하고 그 고려에 따라 재빨리 움직여야 한다. 막무가내는 전혀 도움이 되지 않는다. 더욱 깊은 수렁으로 빠지기 십상이다.

틀렸다 싶었다. 강력한 왼손을 맞고 선 채로 나가 떨어졌다. 충격이 결코 작지 않았을 터였다. 더욱이 경기 전 전력분석에서도 한 수 뒤진다는 평가가 있었다. '지옥에서 온 악마' 헥토르 카라스키야는 11전 11승 11KO. 무쇠주먹이라는 이야기였다. 노련미는 홍수환이 앞섰지만 주먹의 힘이나 나이, 그리고 적지인 점 등을 감안하면 홍이 WBA 주니어페더급 초대 챔피언 결정전에서 승리하기는 여의치 않았다.

2회, 나쁜 예상은 잘 맞듯 홍수환은 카라스키야의 주먹 앞에서 속절없이 나가떨어졌다. 첫 다운은 불의의 일격을 당한 것이라고 볼 수 있었다. 바로 일어나 주먹을 주고받았다. 그러나 안간힘이었다. 카라스키야의 정타를 허용한 홍수환은 이내 또 넘어졌고 세 번, 네 번 연속해서 엉덩방아를 찧었다. 세 번째 다운은 설맞은 것 같은데 넘어졌고 네 번째 다운은 제대로 맞은 것 같지도 않은데 쓰러지고 말았다.

한 회에 세 번 다운되면 KO로 간주하는 일반적인 룰에 의하면 이미 끝난 경기. 하지만 경기 전 조인식에서 두 선수는 무제한 다운제를 채택했다. 경기의 박진감을 더 하고 마지막까지 역전극을 펼칠 수 있도록 한 회에 몇 번 다운되든 다시 일어서면 싸우기로 했다.

네 번씩이나 다운되면서도 2회는 무사히 넘겼다. 3회가 시작되었지만 난망이었다. 1분간의 휴식으로 네 번 다운의 심리적, 육체적 충

"벗어나기 힘들기 때문에 위기이고
그런 위기를 겪어야 원하는 것을 얻을 수 있다."

격을 씻어낼 수는 없는 일이었다. 하지만 보고 있어도 믿을 수 없는 대역전극이 벌어졌다. 40여 초가 지날 즈음 기회를 잡은 홍수환이 몰아치기 시작했다. 빠져 나오려는 카라스키야를 링으로 밀어 붙이며 쉴 새 없이 주먹을 날렸다. 그리고 1분 후 홍수환은 링에 기댄 채 비스듬하게 무너져 내리는 카라스키야에게 왼 주먹을 꽂았다. 마지막 주먹이었다.

삼십수 년이 지난 지금까지도 명승부로 꼽히는 홍수환의 4전5기 드라마는 프리다운 룰이 있어 가능했다. 하지만 그걸 이용한 홍수환의 기지가 없었다면 신화는 없었다. 카라스키야의 첫 주먹은 일종의 럭키펀치였다. 순간적으로 나가 떨어졌지만 누적된 충격은 아니었다. 그의 주먹이 강한 건 사실이지만. 두 번째 다운은 다소의 충격이 있었다. 심리적으로도 위축되었다. 세 번째 또 다운되면서 홍수환은 순간적이고도 본능적으로 머리를 굴렸다. 마냥 버틸 게 아니라 시간을 번 후 다시 전략을 짜야겠다는 생각이 번개처럼 뇌리를 스쳤다. 어차피 프리다운제니 조금 창피하더라도 시간을 벌자는 속셈이었다. 넘어진 김에 휴식을 취했고 일어선 후 다시 주먹이 들어오자 별 거부감 없이 주저앉고 말았다.

1분간의 휴식시간 동안 홍수환은 마음을 다져 먹었다. 판정승은 없다. KO만이 살 길이다. 지켜보는 사람들은 네 번의 다운을 안쓰러워

했지만 그는 주저앉아 예공을 피했기에 다소 여유가 있었다. 이미 승기를 잡았다고 생각하고 방심했던 카라스키야는 예상외로 강하게 나오는 홍수환의 반격에 당황하다가 급소를 맞고 허물어졌다.

만약 그도 홍수환처럼 프리다운 룰을 염두에 두고 링에 기대는 대신 바로 주저앉았다면 곧바로 넉아웃 되지는 않았을지도 모른다. 그러나 그는 다운되지 않기 위해 버티다가 피니시블로finish blow. 결정타를 허용했고 그것이 결정적인 패인이었다.

홍수환은 지금 여유로운 인생을 살고 있다. 우여곡절이 있었지만 힘들 때마다 '그렇게 다운을 당하고도 일어섰는데, 그렇게 맞고도 이겼는데, 그렇게 어려운 복싱도 했는데'를 떠올리며 고비를 넘겼다.

하늘이 무너져도 솟아날 구멍은 있다고 하지 않는가. 실제로 그렇기야 하겠느냐마는 열심히 들여다 보고 골똘히 생각하면서 온 정신을 하는 일에 집중하다 보면 어려움도 뚫고나갈 지혜나 힘이 생긴다.

소소한 것이 결정타가 될 수 있다

류현진을 놓친 롯데자이언츠

때로는 아주 작은 요인이 큰일을 망칠 수 있다. 반대로 작은 준비가 큰일을 성공시킬 수 있다. 어떤 일을 시작할 때면 그것이 아무리 소소한 것이라도 주도면밀하게 준비해야 하고 열과 성을 다해 최선을 다해야 한다. 아주 작은 단 한 가지의 정보도 소홀히 하지 않는 것, 마지막 순간까지 놓친 것이 없는지 살펴보는 세심함이 일을 성공으로 이끄는 왕도이다.

한나라의 한신이 조나라의 20만 대군을 물리친 것도 작은 준비 덕분이었다. 단지 조금의 시간을 벌기위해 성루에 2천여 개의 깃발을 꽂은 것이었는데 구원군이 온 줄 알고 조나라의 대군이 물러나는 바람에 사지에서 자유로울 수 있었다.

촉나라의 장비는 막판에 생각 없는 행동으로 피곤한 몸이 되었다. 조조군은 장비가 단기필마로 장판교 앞에서 버티고 서 있자 함부로 접근하지 못했다. 뭔가 믿는 구석이 있거나 유인책이라고 생각하고 머뭇거렸다. 그런 조조군을 본 장비는 쾌재를 부르며 장판교를 때려 부순 다음 본진에 합류했다. 조조군은 아차, 하며 필사의 추격전을 벌였다. 장판교를 부수는 장비를 보며 조조군은 비로소 별 볼일 없음을 간파했던 것이다.

이처럼 모든 일은 크든 작든 작은 결정, 작은 선택이 모이고 모여 성패가 갈린다. 실제로 작디작은 배려 한 가지가 모자라 사랑이 깨지기도 하고 생각 없는 말 한마디로 조직이 깨지는 경우가 우리 주위엔 너무 많다.

프로야구 스카우터들에게 1년 중 가장 중요한 날은 신인을 뽑는 날이다. 1년, 길게는 10년 농사가 그 하루에 결정된다. 때문에 각 구단의 스카우터들은 늘 눈에 핏발을 세운 채 고교, 대학 선수들을 보고 또 본다. 선수 한 명을 잘 고르면 몇 년을 놀고먹어도 끄떡없다. 우수 선수 한 명이 벌어들이는 관중수입이 수십억 원이 될 수도 있기 때문이다.

야구를 지극히 사랑하는 부산의 경우 가을 시리즈에 나설 수 있는

4위를 했을 때와 그렇지 못한 5위를 했을 때의 수입 차이가 엄청나다. 5위의 실력에서 매우 우수한 투수 한 명이 추가된다면 충분히 4위를 할 수 있지 않겠는가. 성적도 올리고 돈도 버는 것이니 그야말로 도랑 치고 가재 잡고, 마당 쓸고 돈 줍는 일석이조다.

2006년 신인 드래프트. SK, 기아, 롯데는 다른 구단보다 훨씬 고민이 깊었다. 기아는 연고권을 행사할 수 있는 두 선수 중 누구를 1차 지명하느냐 하는 것이었다. 그들 앞에는 초고교급 투수라는 한기주와 나승현이 있었다. SK도 1차 지명이 어려웠다. 투수 류현진과 대형 포수 재목인 이재원 중 한 명만 골라야 했다. 롯데는 2차 지명권을 어떻게 행사하느냐를 놓고 고민했다. 각 팀이 지역연고 선수 한 명을 뽑고 난 후의 2차 지명에서 가장 먼저 선수를 고를 수 있는 권리가 있었다. 전해에 꼴찌를 한 덕분이었다. 기아와 SK가 누구를 고르든 두 명은 튕겨져 나오게 되어 있었다.

지명전이 시작되었다. 기아는 한기주를 선택했다. 한기주는 고교 1학년 때 청룡기 우승을 이끈 데 이어 2학년 때 31이닝 무실점 피칭을 하며 봉황대기 우승을 선도했던 메이저리그급 투수였다. 나승현보다는 한 수 위여서 망설임이 없었다. SK는 이재원을 선택했다. 주전 포수 박경완이 떠날 때를 대비한 장기포석이었다. 투수 자원에 여유가 있었던 점도 이재원을 뽑은 이유였다.

"작디작은 배려 한 가지가 모자라사랑이 깨지기도 하고
생각 없는 말 한마디로 조직이 깨지는 경우가
우리 주위엔 너무 많다."

롯데의 고민이 시작되었다. 선택권은 하나인데 쓸 만한 선수는 둘이었다. 나승현은 고교 3학년 때 15경기 81이닝 투구에서 방어율 0.67을 기록한 것을 포함해 고교 통산 방어율이 1.57이었다. 발군의 기록이었지만 덩치가 조금 작은 게(178센티미터) 흠이었다. 류현진(188센티미터, 100킬로그램)은 2005년 6월 성남고와의 청룡기 8강전에서 17개의 삼진을 잡은 괴물. 고2 때 왼쪽 팔꿈치 인대 접합수술을 받은 병력이 꺼림칙했다. 어떤 선수가 떨어져 나올 줄 몰라 진즉부터 네 명의 선수를 놓고 연구했던 롯데는 고심 끝에 나승현을 선택했다. 2차 2순위였던 한화는 류현진을 주웠다.

5년이 훌쩍 지난 2011년 현재 한기주를 제외한 세 명의 성적표를 보면 누가 뭘 빼먹었고 그래서 어떤 손해와 이익을 보았는지 확연히 알 수 있다. 롯데는 나승현에게 3억 원의 계약금을 지불했다. SK는 이재원, 한화는 류현진에게 똑같이 2억 5천만 원을 투자했다. 비슷하다고 볼 수 있다. 그러나 성적은 사뭇 다르다. 이재원은 그냥 백업요원으로 있다 상무 팀에 들어갔고 나승현은 별 활약 없이 지내다 경찰청 야구단에 들어갔다.

결과를 놓고 보면 SK와 롯데는 월척 중의 월척을 놓쳤다. 그들은 류현진의 부상을 걱정했지만 더 치밀하게 살펴봤다면 그것이 오히려 강점임을 알 수 있었다. 부상을 입은 선수는 언제든 재발의 위험이 있지만 완쾌가 되었다면 문제는 또 다르다. 류현진의 팔은 전혀 이상이 없는 상태였고 부상 덕분에 고교 시절 많이 던지지 않았다. 고교 3년을 통틀어 그가 던진 이닝은 고작 53과 3분의 2이닝(6승 1패, 자책점 1.54)에 불과했다. 어깨가 싱싱하다는 증거이다. 류현진으로 하여금 바로 옆에서 공을 던지게 했거나 부상 상태를 전문의에게 문의하고 보다 확실하게 체크했다면 그들은 다른 선택을 했을지도 모른다. 류현진은 신체적인 조건만 봐서도 대물이 될 가능성이 있었다.

류현진의 입단 이후 대전구장에는 류현진을 보러오는 팬들이 부쩍 늘었다. 한화는 그에게 준 계약금을 이미 뽑고도 남았다. 롯데가 만약 류현진을 선택했다면 어땠을까. 그를 놓친 그 자체가 공포다. 2006년 타자 3관왕은 롯데의 4번 타자 이대호였고 투수 3관왕은 류현진이었다. 만일 투타의 3관왕인 이대호와 류현진이 함께 뛰었다면 롯데의 성적도 사뭇 달라졌을 터. 무엇보다 연일 매진을 기록해 관중 수입만으로도 류현진 계약금의 수십 배를 건졌을 것이다.

대충 하고서도 좋은 결과를 바라볼 수는 없다. 운동이든, 공부든, 사업이든 인생은 노력한 만큼의 과실만 얻을 수 있다. 좋을 때도 있고 나쁠 때도 있지만 어느 순간 대차대조표를 맞춰보면 생각 이상으로 정직함을 알 수 있다. 선택의 폭이 넓을 때나 그렇지 않을 때나 모두

많은 자료와 정확한 정보를 가지고 있어야 한다. 그래야 후회 없는 선택을 할 수 있다.

빠르게 결단하고 신속하게 움직여라

김재규의 7분

시간이 선택의 가장 중요한 요인으로 작용하는 경우가 있다. 얼마나 빨리 선택하고 얼마나 빨리 움직이느냐에 따라 정반대의 결과를 낳는다. 촌각을 다투는 사안임에도 우물쭈물하며 결정을 미루는 것은 자기 무덤을 파는 행위이다.

손자는 말한다. 빠르기는 바람과 같을 것이며, 쳐들어가고 빼앗는 것은 불길과 같아야 한다. 움직이지 않을 때는 산과 같고, 알 수 없기로는 어둠과 같으며, 움직임은 천둥과 벼락과 같아야 한다고.

카이사르는 즉각 움직였다. 권력을 송두리째 잡은 폼페이우스와 원로원의 연합세력이 파티를 벌이고 있을 때 이미 그는 숙명의 루비콘 강을 건너고 있었다. 전부가 아니면 전무인 상황, 결단을 미루는 것은 전무를 의미했다.

'주사위는 던져졌다.'

시저는 신속하면서도 조용하게 로마로 진군했다. 시저의 대반격은 전혀 염두에 두고 있지 않던 폼페이우스를 축출했다. 속전속결. 시저는 시간 싸움의 승자였다.

김재규와 정승화를 실은 차가 삼일고가도로에 들어섰다.

어디로 가지?

왼쪽으로 가면 남산의 안기부, 오른쪽으로 틀면 용산의 육군본부.

육본으로.

숨 가쁘게 지나간 시간이었다. 김재규의 총에 대통령 박정희와 경호실장 차지철의 목숨이 떨어졌다. 5·16으로 정권을 잡은 박정희의 18년 독재가 막을 내리고 있었다. 안기부장 김재규와 그의 요청으로 궁정동 안가 별채에 와 있던 육군참모총장 정승화는 그처럼 막연하게 길을 선택했다. 그러나 그 길은 그들의 생과 사, 나라의 앞날을 결정지은 운명의 갈림길이었다. 육군본부는 호랑이 굴이었다. 김재규는 스스로 호랑이 아가리로 들어간 것이다. 보안사령관 전두환은 즉각 김재규를 응징했고, 50여 일 후에는 친위쿠데타를 일으켜 총칼로 정권을 탈취했다.

"빠르기는 바람과 같을 것이며, 쳐들어가고 빼앗는 것은
불길과 같아야 한다.
움직이지 않을 때는 산과 같고,
알 수 없기로는 어둠과 같으며,
움직임은 천둥과 벼락과 같아야 한다."

궁정동에서 삼일고가도로 초입까지는 불과 7분여. 짧은 시간이었지만 어디로 갈 것인가 정도는 충분히 결정하고도 남는 시간이었다. 김재규는 왜 망설였을까. 그의 머릿속에는 거사를 치르는 것까지만 있었던 듯하다. '야수의 심정으로 유신의 심장을 쏘는 것'이 계획의 전부였을지도 모른다. 결과적으로 긴장이 풀리면서 방심한 것으로 풀이할 수밖에 없다. 그래서 정승화 총장의 용산행 의견을 별말 없이 받아들인 듯싶다. 그때 그는 긴장의 끈을 놓지 않고 자객의 첫 번째 원칙을 떠올렸어야 했다. 자객들은 살수를 펼칠 때 결코 인정사정 두지 않으며 단 한순간도 망설이지 않는다.

만약 김재규가 물어볼 것도 없이 그의 홈그라운드인 남산행을 결정했다면 운명은 180도 달라졌을 것이었다. 역사에 '만약에'는 존재하지 않는다지만, 남산의 안기부가 작전사령부가 되었다면 김재규는 자기 의도대로 다음 일을 밀고갈 수 있었을 것이다. 정승화도 어떤 모양으로든 김재규를 지지했을 가능성이 높다. 전두환을 비롯한 박정희의 친위대도 딴 생각을 품지 못했을 것이고 국무위원들 역시 흐름을 따랐을 터. 대세를 잡은 김재규는 자신을 중심으로 하여 계엄령을 선포한 후 일을 하나하나 처리해갈 수 있었을 것이다. 그 이후에 김재규를 중심으로 한 세력이 어떻게 발전했을지는 예상하기 어렵다. 워낙 변수가 많기 때문이다. 하지만 김재규가 남산으로 갔다면

12·12도, 광주의 참극도, 전두환과 노태우의 무력에 의한 정권탈취도 없었을 것이다.

대한민국 현대사에서 가장 강렬했던 7분. 어찌 되었든 일을 다 벌여놓고도 머뭇거리는 바람에 역사의 강물은 대통령 유고 발표 때의 예상과는 전혀 다른 곳으로 흘렀다.

미국의 한 언론은 끊임없이 선택을 해야 하는 직업의 순위를 조사한 적이 있다. 미국 대통령이 1위였고 2위가 프로 도박사, 3위가 영화감독, 4위가 외환딜러, 5위가 프로야구 감독이었다. 이들의 또 다른 특징은 분, 초 단위로 시간을 다투어야 한다는 것이었다. 이들은 결정적인 선택을 해야 할 경우가 많기에 실제로 일이 일어나기 전에 여러 가지 경우의 수를 가지고 있다가 바로바로 대입해야 한다. 그렇지 않으면 좋은 결정을 해도 아무런 소용이 없다. 이미 상황은 물 건너간 뒤이기 때문이다.

신중을 기해야 하는 선택이 있고 신속하게 내려야 하는 선택이 있다. 빠른 선택은 경험과 감이 그 무엇보다 중요하다. 훈련을 통해 습관화하면 좋다. 빨리 해야 할 땐 빨리 하는 것이 최선이다. 이미 낚싯바늘에 걸린 물고기도 빨리 채지 않으면 놓치기 십상이다. 잡는 놈보다 놓치는 놈이 더 많을 때도 있다. 신중함은 그래서 더러 독이 된다.

누울 자리를 보고 다리를 뻗어야지

박찬호의 오판

양금택목良禽擇木. 좋은 새는 나무를 가려 앉는다. 부러지지는 않을까, 편안하게 쉴 수 있는 곳인가, 먹이는 있을까, 알을 낳고 부화할 장소인가. 한갓 새에 불과하지만 고려해야 할 것이 적지 않다.

1년 전 작박구리 한 쌍이 우리 집 마당의 능소화나무에 집을 지었다. 나뭇가지나 짚이 모자라서인지 비닐 종류까지 자재로 썼다. 몇날 며칠 부지런을 떤 덕에 집이 완성되었지만 바람에 비닐이 나풀거리는 것이 영 단단해 보이지 않았다. 게다가 집이 앉은 자리도 불안해 보였다. 절반 정도만 나무 등걸에 기우뚱 얹혀 있었다. 놈들은 알 세 개를 까더니 주구장창 앉아 있었다. 그러나 걱정했던 대로 알을 까고 나온 세 마리 중 한 마리가 떨어져 죽었다. 두 마리라도 무사히 날아간 게 다행이었다.

1년 만에 작박구리 부부가 또 능소화나무에 집을 지었다. 이번엔 척 봐도 안정적이었다. 두세 가지가 뻗어나가는 삼각지점이어서 어느 한쪽으로 쏠리지 않았다. 먼저는 어미가 들어앉으면 몸의 반이 나왔는데 이번엔 부리만 겨우 보이는 걸 보니 둥지의 넓이와 깊이까지 신경 쓴 듯했다. 게다가 위치도 더 높은 데다 나뭇잎이 무성한 틈이어서 발견하기가 쉽지 않았다. 새끼들이 알을 까고 나온 뒤에야 놈들이 있다는 걸 알았을 정도였다. 새끼 세 마리는 부모들이 날라다 주는 먹이를 열심히 받아먹더니 아무 탈 없이 날아갔다.

학습효과가 있어 알고 그랬는지 어쩌다 그렇게 된 것인지는 알 수 없는 일이다. 그놈들이 그놈들인지 딴 놈들인지도 역시 알 수 없다. 다만 확실한 것은 좋은 곳에 집을 지은 놈과 그렇지 못한 놈들 사이에는 30퍼센트의 차이가 있었다는 점이다.

사람은 앉을 곳을 더욱 가려야 한다. 사람의 환경은 수십 배 더 복잡하다. 인과관계가 어지럽게 얽히고 한 번 자리를 잡으면 옮기기가 쉽지 않다. 앉을 자리를 잘 고르고 앉은 자리를 잘 다져야 한다. 자신이 선택하지만 결과는 자신만의 것이 아니다.

운동감독의 첫 번째 덕목은 무엇일까. 자리를 고르는 것이다. 지장이니 덕장이니 하는 용병술은 다음 문제이다. 자신의 능력을 펼칠 수 있는 곳인가, 자신의 스타일에 맞는 팀인가, 선수들의 성분이나 가능성은 어떤가 등을 먼저 살펴봐야 한다. 소위 궁합이라는 것인데 신생팀을 잘 조련할 수 있는 감독이 있고, 사분오열된 팀을 잘 봉합해 승리를 만들어내는 감독이 있으며, 이미 다듬어졌지만 연결고리를 찾지 못해 헤매는 팀을 정상으로 이끌 줄 아는 감독이 있다. 똑 같은 감독인데도 이 팀에선 되고 저 팀에선 안 되는 이유다. 기다리면 때가 오기 마련이지만 다시 기회가 오지 않을까봐 팀컬러가 맞지 않는데도 덥석 물었다가 감독 수명을 단축하는 경우가 의외로 많다. 명감독이 계속 명감독으로 살아갈 수 있는 비결이기도 하다. 그들에게는 선택의 기회가 꾸준히 생겨 골라잡을 수 있다.

직장을 선택하는 것도 예외는 아니다. 자신이 원하는 곳인가, 자신의 능력을 발휘할 수 있는 곳인가, 자신의 철학과 맞는 곳인가 등을 따져봐야 한다. 급하다고 우선 물었다가는 정작 자신이 원하는 곳에 자리가 생겨도 못 가는 경우가 생기게 된다.

창단 팀 빙그레이글스[현 한화이글스]를 투지의 팀으로 키운 배성서 감독은 계약기간이 끝나자 MBC청룡[현 LG트윈스]으로부터 감독 제의를 받았다. 그는 좋은 기회라고 생각했지만 그의 야구철학과는 맞지 않는 팀이었다. 나는 그 팀 선수들이 영악하니 가지 않는 게 좋다고 말렸다. 창

"좋은 자리라도 자기 것이 아니라는
판단이 서면 붙잡지 말아야 한다.
억지로 잡았다가는 정말 자신의 자리를 못 잡게 된다.
두 손 가득 뭔가를 들고 있기 때문이다.
손을 비워야 뭐든 잡을 수 있는데 말이다."

단 팀이 곧 생길 테니쌍방울레이더스 창단 전 기다리라고 했으나 그는 영남대 시절 제자였던 김재박도 있고 하니 해볼 만하다며 덜컥 계약을 했다. 하지만 MBC청룡의 기가 센 선수들은 그의 지휘방침을 제대로 따르지 않았다. 배성서는 계약기간도 다 채우지 못하고 MBC를 떠났고 야구계도 떠났다. 군부독재시절 자율이라는 단어는 새로운 아이콘이었다. 이광환의 선진 자율야구는 LG의 젊은 선수들과 잘 맞아 떨어졌다. 이광환은 젊은 LG를 정상으로 이끌었다. 그러나 그는 똑같은 자율야구로 두산에선 실패했다. 시절이 맞지 않았고 팀 스타일과도 맞지 않았기 때문이다.

유승안은 일찍부터 감독 감으로 지목되었다. 그는 선수로서 잔뼈가 굵은 한화에서 처음으로 감독직을 수행했다. 그러나 결과적으로 실패했다. 너무 일찍 감독이 된 탓이었다. 아마 경찰청 감독으로 경험을 쌓고 나면 다시 기회가 올 듯하지만 그때 한화를 맡지 않았다면 지금쯤 잘나가는 감독이 되어 있을 것이다.

김성근은 SK에서 비로소 꽃을 피웠다. 그의 야구에 대한 열정, 지식을 신뢰하는 코치와 선수들이 함께 힘을 쏟은 덕분이었다. 그는 그러나 SK보다 더 전력이 좋은 삼성에서는 실패했다. 그의 그릇과 삼성 선수들의 그릇은 차이가 있었다. 모두가 스타 출신인 삼성 선수들은 김성근 식 쥐어짜는 야구가 도통 마음에 들지 않았고 김성근은 그들을 다스리지 못했다.

박찬호의 일본 프로야구 성적이 좋지 않다. 그의 활약을 기대했던 팬들로서는 속상하지 않을 수 없다. 40세 현역, 선발 욕심, 자존심 회복 등의 이유로 일본행을 택한 듯하지만 과연 앉을 수 있는 좋은 나무였는지는 한번쯤 생각해볼 일이다.

박찬호와 메이저리그는 궁합이 맞았다. 그러나 박찬호와 일본의 궁합은 거의 상극에 가깝다. 박찬호는 기본적으로 폭풍투의 투수다. 지금은 메이저리그 마운드의 경험과 노련미로 위력적인 변화구를 구사하고 있지만, 그 바탕은 강력한 힘이다. 공격적인 미국 타자들은 순식간에 눈앞을 지나가는 빠른 공을 치려고 서둘다가 당했다. 미국의 프로야구팬들은 공격적인 야구를 하는 박찬호에게 매력을 느꼈다. 그가 한국인이라는 사실을 마음에 두지 않았다.

일본리그는 아주 정밀한 야구를 한다. 약점을 찾을 때까지 세세하게 분석한 후 덤빈다. 약점을 공략할 수 없을 정도의 선수를 만나면 금방 꼬리를 내리지만 그렇지 않으면 깔보는 습성이 있다. 소극적인 자세로 상대가 무너지기를 마지막까지 기다린다. 소속팀인 오릭스의 타격이 그리 좋지 않다는 점도 박찬호로선 책임질 수 없는 약점이다. 한국계 용병에 대한 견제심리도 기저에 깔려 있다.

박찬호가 일본 프로야구에서 뛰기로 하자 리그의 상대팀들은 일제히 그에 대한 분석에 들어갔다. 오릭스는 그래도 메이저리그 124승의 대단한 투수라는 점에 기대를 걸었다. 부자가 망해도 3년은 가는 것이라는 믿음이었다. 또 한 가지는 한국 방송사의 중계권료. 잘만 하면 두 마리 토끼를 다 잡을 수 있었다. 하지만 박찬호와 오릭스의 기대는 무너졌다. 제구력과 폭풍투의 위력이 없어진 박찬호는 그리 어려운 투수가 아니었다.

박찬호에겐 아직 시간이 남아 있다. 새로운 모습을 보여줄 수 있고 다시 선택할 수 있는 기회도 있다. 이미 무리를 했지만 그 무리에 대한 부담감 때문에 또 다른 무리수를 두지 않았으면 좋겠다. 일어서길 기대하지만 일본에서 실패했다고 해도 그의 화려했던 메이저리그 세월은 결코 사라지지 않는다.

갈 자리가 있고 안 갈 자리가 있다. 좋은 자리라도 자기 것이 아니라는 판단이 서면 붙잡지 말아야 한다. 대부분 자기합리화를 하며 그런 유혹에 빠지긴 하지만. 억지로 잡았다가는 정말 자신의 자리를 못 잡게 된다. 두 손 가득 뭔가를 들고 있기 때문이다. 손을 비워야 뭐든 잡을 수 있는데 말이다.

| 인생의 중대사 2 |

어떤 친구를 만날 것인가?

나의 슬픔을 등에 지고 가는 사람. 인디언들이 생각하는 친구의 의미이다. 눈물이 날 만큼 아름답다. 친구를 보면 그 사람을 알 수 있듯 친구는 또 하나의 나다. 나라마다 친구에 대한 격언, 속담이 하나 이상 있을 정도로 친구는 언제나 우리 삶의 핵심을 차지하고 있는 중요한 존재이다. 그러나 같이 어울린다고 해서 다 친구는 아니다. 슬픔과 기쁨을 나눌 수 있어야 친구다.

친구는 조건을 보고 선택하는 것이 아니다. 그냥 쭉 옆에 있었던 친구, 아무 생각 없이 정을 나누었던 철모를 때의 친구가 진짜 친구이지 싶다. 별 도움이 되지 않아도 문득문득 보고 싶고, 오랜만에 만나는데도 바로 어제 만난 것 같이 스스럼없고, 만나서 별 이야기하지 않아도 유쾌하게 이야기한 것 같은 느낌이 들고, 혹시 길흉사를 못 챙겨도 그럴 만한 일이 있었으려니 하면서 이해하는 사이라면 친구라 해도 좋을 듯하다.

친구는 어떤 친구여야 할까. 오래 전부터 내려온 열 가지 사자성어 속을 들여다보면 알 수 있을 것 같다.

- 불알친구인 죽마고우(竹馬故友)는 볼 것 못 볼 것 다 보면서 함께 자랐으니 숨길 게 없어서 좋다.
- 마음이 통하는 지음지우(知音之友)는 내가 “어” 하면 친구 입에서 바로 “아” 하니 죽이 잘 맞아서 좋다.
- 물고기 물을 만난 수어지교(水魚之交)는 서로 도움이 되어서 좋다.
- 가난할 때 만나 어려움을 함께 한 빈천지교(貧賤之交)는 잊지 않고 추억을 나눌 수 있어서 좋다.
- 말이 필요 없는 관포지교(管鮑之交)는 뜻이 바로 통하니 좋다.

- 쇠와 돌처럼 단단한 금석지교(金石之交)는 언제까지나 변함없이 우정을 나눌 수 있어서 좋다.
- 서로 거스르는 일이 없는 막역지우(莫逆之友)는 흉허물 전혀 없이 신나게 떠들 수 있는 사이여서 좋다.
- 목숨을 건 문경지교(刎頸之交)는 비록 태어난 날과 태어난 곳은 다르지만 한날 한시에 죽어도 되는 사이여서 편하고 좋다.
- 쇠도 자르지만 난(蘭) 못지않은 향기를 지닌 금란지교(金蘭之交)는 마음을 활짝 열고 하나가 되니 좋다.
- 배짱이 척척 맞는 복심지우(腹心之友)는 내 속을 속속들이 다 보여도 되니 좋다.

3장

소처럼 우직하게 걸어가라

"자기 자신이 정말 원하는 선택이고 그것이 정말 잘되기를 바란다면 선택에 기울인 노력, 그 이상으로 노력해야 한다. 무엇인가를 고른다는 것, 선택은 끝이 아니라 시작이다."

현명한 포기보다 미련한 고집

한의사 김홍경의 10년 공부

고집이라는 단어에는 부정적인 의미가 들어 있다. 자기 의견만 내세우며 남의 말을 전혀 안들을 때 우리는 '고집이 참 센 사람'이라며 혀를 끌끌 찬다. 상대하지 못할 사람이라는 뜻이 내포되어 있다. 그래서 고집이 실책을 낳는다고도 하고, 바보와 죽은 자만이 결코 자신의 의견을 바꾸지 않는다며 고집쟁이를 힐난한다. 장자도 '고집은 어리석지 않다고 우기는 데 있다'고 했다.

그러나 고집이 결코 부정적인 것만은 아니다. 말만 앞세우면 고집이고 남을 배려하지 않고 우기기만 하면 고집이지만, 생각하는 바를 실천하고 연구하고 이루어내면 불굴의 정신이다. 불가능을 가능으로 바꾼 것도 고집이고 과학적 진실로 알려진 상식을 뒤엎어 새로운 사실을 밝혀낸 것도 황소고집이었다. 고집의 힘이 위대한 사람들을 탄생시켰고 인류 역사를 발전시켰다.

어느 날 한 부인이 남편의 등에 업힌 채 김홍경의 한의원을 찾았다. 허리 병이 오래되어 앉을 수도 없는 중증 디스크 환자였다. 대학병원에선 수술을 권했지만 수술은 죽어도 싫다고 했다. 용하다는 곳은 다 찾아다녔다. 조금 나아지는 듯하다간 이내 더 심해져 꼼짝도 못하는 신세가 되었다.

난감했다. 일단 부인을 눕힌 후 자세히 관찰했다. 고칠 수 있을 것 같지 않았다. 침은 침인데 어디를 어떻게 놓아야 할지 막막했다. 고민하던 그의 눈에 문득 책 한 권이 들어왔다. 『사암도인 침구요결』. 한의대 시절 교수들도 어렵다며 대충 한 번 훑어주기만 했던 책이었다. 서가에 꽂아놓긴 했지만 펼쳐본 적이 거의 없었다.

책을 집어 들고 필요한 부분을 펼쳤다. 전엔 무척 난해했던 것 같았는데 그럭저럭 이해가 되었다. 허리가 아픈데 왜 손끝 발끝에 침을 놓으라는 것일까 하는 의문이 들었지만 요결대로 시침했다. 보통 침보다 큰 놈으로 비비꼬며 놓자 부인은 참기 어려운 듯 신음을 내뱉었다. 조금씩 시간이 흐르자 부인의 얼굴이 편안해 보였다. 허리를 이리저리 돌려보던 부인은 한결 나아진 것 같다며 자리에서 일어났다. 여전히 불편해 보였지만 부인은 남편의 부축을 받으며 걸어 나갔다. 부인은 고맙다고 수십 번 절을 했다. 한의원에 앉아 있던 다른 환자들이 업혀서 들어왔다가 서서 걸어 나가는 여인을 신기한 듯 쳐다보았다.

한의원은 언제나 사람들로 그득했다. 수년간 고생했던 부인이 보름여 만에 완쾌되는 걸 본 사람들이 입소문을 낸 덕분이었다. 부인과 비슷한 증세의 사람들이 몰려들었다. 김홍경은 이제 확신을 가지고 시침했다. 틈날 때마다 『사암도인 침구요결』을 들여다보고 연구하면서. 하지만 그 한 번뿐이었다. 병세가 거의 비슷한 다른 환자들을 보살폈지만 그 부인과 같은 효과는 없었다. 분명히 똑같이 시침했는데도 병세가 확연히 호전되지는 않았다. 조금씩 차도가 있었지만 낫게 하지는 못했다.

밀려드는 자괴감. 김홍경은 한의원 문을 닫았다. 명의라는 소문이 돌아 환자가 줄을 이었지만, 분명히 같은데도 다른 그 숙제를 풀지 않고선 양심상 진료를 할 수 없었다. 비록 한 차례지만 기적을 일으킨 사암침법에 대해 본격적인 연구에 들어갔다. 산속에 파묻혀 사암도인의 침구요결을 한 자 한 자 분석했다. 자기의 몸에 직접 실험했다. 오른쪽으로, 왼쪽으로 침을 돌리며 놓는 침이어서 무척 아팠다. 웬만한 환자는 시침의 고통 때문에라도 다 나았다고 할 정도였다.

숙제는 풀리지 않았다. 지방의 이름 있는 원로 한의사들을 찾아 다

"고집의 힘이 위대한 사람들을 탄생시켰고
인류 역사를 발전시켰다.
인류의 역사는 그래서 고집의 역사이기도 하다."

냈다. 대학에서 좀 배운 자신보다는 임상경험이 많은 그들이 더 환자를 잘 볼 수 있겠다는 생각이 들어서였다. 실제로 경상도에서 만난 한 원로는 학교에서 배운 적도 없고 한의사 자격도 없는데도 환자들을 기가 막히게 잘 봤다. 그 원로는 같은 병인데도 사람에 따라 한약재도 다르게 쓰고 처방도 달리하고 있었다.

김홍경은 허준, 이제마와 함께 조선의 3대 의성으로 꼽히는 사암도인이 스님일지도 모른다는 생각에 절을 찾기도 했다. 명상과 선을 통해 깨닫고자 송광사에 적을 올려 금오라는 법명을 받았지만 6개월여 만에 쫓겨났다. 수덕사의 혜암 선사에게 선문답 가르침도 받았다. 유명한 주역가를 선생으로 모시기도 했다.

침구요결을 다 깨우치진 못했지만 병을 대하는 자세는 배웠다. 병을 치료하려면 먼저 마음부터 다스려야 한다는 것, 내 몸은 내가 제일 잘 아니 내가 고쳐야 한다는 것, 마음의 뜨고 가라앉음을 잘 살펴 병을 다스려야 하는 심정부침審情浮沈의 원리, 자연치유력의 위대함을 머리가 아닌 가슴으로 깨달았다. 그러나 정작 꼭 풀어야 하는 사암침법은 풀지 못했다.

그러던 어느 날 문득 깨닫는 바가 있었다. 첫 번째 환자와 두 번째 환자의 차이점이었다. 첫 환자는 뚱뚱하고 열이 많은 체질이었으나 두 번째 환자는 그렇지 않았다. 십인십색을 왜 이해하지 못했을까.

사람마다 결이 다르듯 속도 같지 않음을 놓치고 있었다. 『사암도인 침구요결』에서도 누누이 강조하고 있는 바인데, 나무만 들여다보다가 숲을 보지 못한 것이었다.

바로 임상실험에 들어갔다. 체질이 다르면 침도 달라야 하고 체중에 따라 침을 놓는 부위도 달라야 하는 것이었다. 방랑 10년, 소 등에 앉아 소를 찾고 있었다. 사암침법을 재발견한 금오 김홍경은 자신이 터득한 의술을 전국의 한의대생에게 전파했다. 그 미련스러운 세월이 없었다면 치료 효과가 월등한 사암침법은 아마 아직도 책 속에 묻혀있었을 것이다.

현명한 사람은 되고 안 되고를 판단하고 포기하지만 미련한 고집쟁이는 안 되는 일도 안 되지 않는다고 굳게 믿고 도전한다. 현명한 사람은 그래서 편안하다. 힘들겠다는 판단이 서면 무리를 하지 않는다. 억지로 뭘 해야 하는 그 시간에, 자신이 할 수 있는 다른 일을 해서 효과를 낸다. 학교에서의 공부도, 직장에서의 업무도 수준급이어서 꾸준히 대접을 받는다. 그러나 상상 밖의 큰일을 성공시키지는 못한다.

미련한 고집쟁이는 그래서 늘 고달프다. 판단부터 무리를 한다. 된다 안 된다가 아니다. 해야 할 것이기 때문에 한다는 것이다. 힘들고 어려운 것이 있을 수 없다. 융통성이 없고 다양한 선택을 기꺼이 외면하는 바람에 주위사람, 특히 가까운 사람들을 불편하게 만들어 인기가 없다.

평생을 바쳐도 이루지 못하는 경우도 있지만 그 다음의 어느 고집쟁이가 그것을 이어받기도 한다. 언젠가 꼭 필요한 작업이기 때문이다. 소소한 일은 놓치지만 아주 큰일은 대개 이들이 한다. 인류의 역사는 그래서 고집의 역사이기도 하다.

비겁한 승리인가 당당한 패배인가

삼성라이온스의 자충수

이겨야 한다. 삶이 전쟁이라면. 강한 자가 이기는 것이 아니고 이긴 자가 강한 것이기 때문이다. 어떻게 이길 것인가. 전쟁이라면 무슨 수를 써서라도 이겨야 한다. 룰이 없으니 반칙도 없다. 이긴 자가 법이고 룰이다. 손자가 병법서를 통해 수많은 계책을 나열하면서도 안 될 것 같으면 일단 도망가라고 권하는 이유이다. 줄행랑도 지지 않는 훌륭한 작전이다. 싸움이 되지 않는 걸 뻔히 알고 이길 계책도 없으면서 맞서는 건 흉악한 살상이다. 그로 인해 수많은 병사들의 목숨이 헛되이 날아가기 때문이다. 무릎을 꿇더라도 월왕越王 구천처럼 참고 견디고 부지런히 준비하면서 이길 수 있을 때까지 기다려야 한다.

스포츠도 이겨야 한다. 몸을 고생시키며 구슬땀을 흘리는 이유도 이기기 위해서이다. 이기고 또 이겨야 부와 명예를 거머쥘 수 있다. 그러나 스포츠는 무슨 수를 써서라도 이겨야 하는 분야는 아니다. 이기는 것보다는 룰을 지키는 것, 정정당당하게 싸우는 것이 더 큰 덕목이기 때문이다. 그래서 비겁하고 치사한 승자보다는 당당하고 깨끗한 패자가 더 큰 박수를 받는다.

꽃놀이패였다. 손안에 든 어느 패를 집어 들어도 이길 수 있었다. 그러나 확률을 높일 필요가 있었다. 조금은 더 껄끄러운 데다 2년 전 한국시리즈에서 아픔을 안긴 OB베어스보다는 롯데자이언츠가 낫다는 계산이었다. 죽이 되든 밥이 되든 정당하게 승부를 벌여야 하지 않겠느냐는 의견이 있었지만 그것은 소수였다. 선택할 수 있을 때 선택하는 것도 전략의 일부라는 주장이 절대 강세였다.

1984년 9월 22일 부산에서 열린 삼성라이온스 대 롯데자이언츠전. 계산을 끝낸 삼성은 패배를 작정했다. 시즌 내내 던진 적이 없는 진동한을 마운드에 올렸다. 타선도 대충 짰다. 주전급을 대폭 빼고 후보군으로 채웠다. 충분히 질 수 있는 진용이었다. 그런데 롯데도 최상의 진용이 아니었다. 삼성의 패배전략을 알아챈 강병철 감독이 후보급들을 밀어 넣었다. 이겨야 한국시리즈에 나갈 수 있지만 어차피 상대가 지기로 마음먹은 경기, 시리즈를 위해 주전들의 힘을 비축

시키겠다는 심산이었다.

양쪽 덕아웃이 바빠졌다. 삼성은 질 계획인데 이길 것 같아서, 롯데는 이기는 경기인데 이기고 있지 못해서 선수들을 갈아치우느라 정신이 없었다. 삼성은 2이닝을 무실점으로 잘 던진 진동한을 내렸다. 안타를 친 타자들이 다시 타순을 맞이하면 빼버렸다. 롯데는 우선 이겨야겠기에 하는 수 없이 주전들을 대거 투입했다. 엉망진창으로 흘러가던 시나리오는 양팀 감독의 무한 노력 끝에 조금씩 제자리를 찾아갔다. 롯데는 삼성의 '베팅볼 투수들'을 상대로 착실하게 점수를 쌓아갔고 삼성의 공격은 차차 가라앉았다. 롯데의 승리를 응원하기 위해 구장을 찾은 롯데 팬들마저 심한 장난질에 야유를 퍼부었지만 삼성은 꿋꿋하게 패배전략을 밀고 나갔다. 그리고 결국 천신만고 끝에 9-11로 역전패할 수 있었다.

삼성의 한국시리즈 우승은 따 놓은 당상이었다. 갖은 욕을 다 먹으며 선택한 롯데와의 싸움이니 당연한 예상이었다. 전력만 놓고 본다면 삼성의 4승 2패 우승이 유력시 되었다. 그러나 골라잡은 롯데가 만만치 않았다. 최동원이 하루걸러 나오며 혼자서 3승을 올렸다. 6차전까지 3승 3패의 호각세를 보였다. 여론은 최동원의 롯데 쪽으로 기울었다. 제발 삼성을 꺾어 다시는 져주기 같은 장난을 치지 말기를 염원했다. 하지만 3승이 롯데의 한계였다. 최동원을 빼고는 삼성의 호화

"인생은 단순하지 않다.
이길 수도 있고 질 수도 있다.
이긴다고 다 이기는 것이 아니고
진다고 해서 다 지는 것도 아니다."

타선을 막을 투수가 없었다. 6차전에서 최동원에게 졌지만 삼성은 회심의 미소를 지었다. 최동원이 없는 롯데는 사실 상대가 되지 않았다.

마지막 7차전. 롯데는 예상을 깨고 또 최동원을 마운드에 올렸다. 달리 방법이 없기도 했지만 최동원이 투지를 불사르며 등판을 자원했다. 최동원의 투혼은 높이 살 만했으나 연투의 피로를 극복하지 못했다. 중반 이후엔 자리를 잡았지만 초반에 이미 4점이나 주고 말았다. 삼성은 7회를 마치며 우승 축하연을 준비하고 있었다.

하지만 경기는 끝나야 끝나는 법. 8회가 시작되면서 롯데는 돌연 힘을 발휘했다. 1사 1, 3루의 역전 기회. 그러나 타자가 문제였다. 시리즈 4게임 연속 무안타에 6차전까지 17타수에서 고작 안타 한 개만을 친 유두열이었다. 힘은 있지만 워낙 컨디션이 좋지 않아 6번으로 내려앉혔던 그가 5번 타순에 선 것이었다. 강병철 감독은 타순을 짜면서 유두열을 분명히 6번에 넣었다. 그런데 오더를 제출하고 보니 박용성 대신 5번에 들어가 있었다. 강 감독은 "내가 귀신에 홀렸나"라고 중얼거리며 다시 바꿀까 하다가 그대로 내버려두었다. 뭔지 모르지만 어떤 느낌 같은 것이 있어서였다.

롯데 팬들이 "하필이면 이렇게 좋은 기회에 유두열이냐"며 수군거리고 있을 때 유두열은 삼성 김일융의 제3구를 관중들이 아우성치는 펜스 너머로 훌쩍 날려 보냈다. 역전 3점 홈런이었다. 최동원은 지금도 깨어지지 않고 있는 한국시리즈 4승의 대기록을 세웠고, 만만해서 선택당한 롯데는 까마득하게만 여겼던 한국시리즈 우승을 차지했다.

야구팬뿐 아니라 야구에 관심 없었던 수많은 사람들도 승패를 가지고 장난질한 삼성의 패배를 고소하게 여겼다. 국 쏟고 발등 데인 삼성은 망연자실, 고개를 숙였지만 그룹 내부에선 차라리 잘 졌다는 의견이 많았다. 여론이 워낙 좋지 않았기 때문이다. 우승 장면을 보기 위해 이건희 회장까지 경기장을 지켰지만, 만약 시나리오대로 이겼다면 야구단이 아니라 삼성그룹이 뭇매를 맞는 분위기였다. 당시 삼성이 지니고 있던 이미지가 그랬다. 분명 일등기업이지만 듬직함보다는 뺀질이라는 느낌 때문에 얄미워하는 사람들이 많았다. 미움을 더 쌓기보다는 일말의 동정심을 사는 게 이익이라는 판단이었다. 하지만 그때만 해도 그 저주가 풀리는 데 18년이나 걸릴 줄은 미처 몰랐다.

전쟁은 어떤 경우에도 이겨야 한다. 전부 아니면 전무이기 때문이다. 스포츠도 이겨야 한다. 지기 위해 훈련하고 노력하는 것이 아니기 때문이다. 다만 정정당당해야 한다. 최선을 다한 패배도 아름답고 인간 한계에 도전하는 그 모습만으로도 감동을 줄 수 있으니까.

인생은 단순하지 않다. 이길 수도 있고 질 수도 있다. 이긴다고 다

이기는 것이 아니고 진다고 해서 다 지는 것도 아니다. 인생의 승부는 객관적인 승패와는 깊은 관계가 없다. 승부 자체가 의미 없는 것일 수도 있다. 이기고 지는 문제가 아니라 철학과 깊이와 선택의 문제일 뿐이다. 인생의 축소판이라는 야구의 승패로부터 음미할 만한 대목을 발견할 때도 있다.

스타의 길, 대타의 길

박일과 하일성의 언더스터디

기회라는 놈은 느닷없이 올 때가 많다. 온다 간다 하고 큰소리치면서 오는 법도 없다. 하도 순식간에, 엉겁결에 오기 때문에 그것이 지나간 뒤에야 기회였다는 것을 아는 경우도 허다하다. 하지만 미리 안다 해도 준비가 되어 있지 않으면 이 역시 아무 소용없다. 기회가 바로 옆에 왔을 때 하는 준비는 결국 헛고생이 되고 만다.

고생하는 것은 비슷하지만 미리 준비한 것과 부랴부랴 준비하는 것은 천지차이다. 성공과 실패로 극명하게 갈린다. 선택한 길의 성공을 위해서라면 항상 만반의 준비를 하고 있어야 한다. 준비가 되어 있지 않으면 선택하지 않는 것이 좋고 선택을 할 때는 준비도 같이 해야 한다.

인기 미국 드라마 〈CSI과학수사대〉의 그리섬 반장 목소리로 유명한 박일. 초년병 시절, 치열한 경쟁을 뚫고 성우가 되었지만 목소리를 선보일 기회가 없었다. 꼭 성우가 되자고 한 것도 아니었다. TBC[동양방송]는 뜻하지 않게 시험을 보게 되었고 마침 합격해서 다니게 되었다. 막상 합격을 했으나 배역이 주어지지 않았다. 그의 목소리를 탐탁지 않게 여긴 프로듀서들이 기용하지 않았다. 아무래도 길을 잘못 든 것 같으니 다른 길을 찾는 게 좋겠다는 충고까지 들었다.

TBC에선 별 비전이 없다고 생각한 그는 MBC 성우시험에 응시했다. TBC에서의 경험 덕분인지 또 합격했다. 그러나 상황은 크게 다르지 않았다. 방송국에 다니긴 했지만 실상은 다니는 것도 아니었다. 그의 목소리는 또 한동안 전파를 타지 못했다. 박일은 각오를 새롭게 다졌다. 원래 성우 일에 큰 뜻이 없기는 했지만 그렇게 일없이 보낼 수는 없었다. 그만둘 때 그만두더라도 인정은 받고 싶었다. 스스로 나가야지 잘리는 식이 되어선 곤란했다.

어느 날부터 휴지통에 종이가 보이면 무조건 주웠다. 더러는 너무 지저분해서 챙길 수 없는 것도 있었지만 슥슥 닦아서 챙겼다. 그리고 모두 집으로 가져갔다. 버려진 종이는 모두 대본이었다. 선배들이 방송을 마치고 버린 것들이었다. 구겨진 건 폈고 찢어진 건 붙였다. 더러는 가래가 묻은 것도 있었다. 상태가 어떻든 그에겐 그저 소중한 대

"선택만 하고 선택에 맞는 노력을 하지 않으면
그 선택은 전혀 의미가 없다.
무엇인가를 고른다는 것,
선택은 끝이 아니라 시작이다."

본일 뿐이었다. 한 자도 빼놓지 않고 다 외웠다. 역할을 따지지 않았다. 30분 드라마의 분량을 통째로 머릿속에 집어넣었다. 외우기가 끝나면 역할대로 따로 목소리 연기를 했다. 1인 10역의 연습이었다.

갑자기 감독이 찾았다. 대본을 던져 주며 해보라고 했다. 생방송 드라마였다. 대선배 한 사람이 나타나지 않았다. 연락할 수단이 많지 않던 시절, 저쪽에서 연락을 하지 않으면 이쪽에선 종적을 찾을 수 없었다. 갑작스럽게 하게 된 매우 큰 역. 하지만 수많은 날을 피땀 흘리며 처절하게 준비한 박일이었기에 조그마한 두려움도 없었다. 기회를 잡았다는 설렘이 있었을 뿐이었다. 모두의 눈이 휘둥그레졌다. 그의 전설이 시작되었다.

하일성은 캐스터 옆에 떡하니 앉았다. 잠시 후면 중계방송이 시작되고 전국 방방곡곡에 목소리를 날릴 수 있었다. 기량도 그다지 뛰어난 편이 아닌데다 부상까지 입어 일찌감치 야구선수 생활을 접어야 했던 한을 야구해설로 풀어야지 했다. 아, 그런데 저쪽에서 잘 아는 얼굴이 보였다. 예비군 훈련장에 있어야 할 사람이 왜 보이지? 환상인가 싶었다. 하지만 아니었다. 점점 다가오는 그 모습은 그가 분명했다.

하일성은 야구해설을 해보고 싶었다. 그 일을 좋아하는 데다 혼자

연습을 많이 해서 아무 때라도 잘할 수 있는 자신도 있었다. 그러나 하늘을 봐야 별을 딸 텐데 모든 자리가 꽉 차 있어 기회가 오지 않았다. 그러던 차에 아는 PD가 다음 날 마이크 한번 잡아보라고 했다. 원래 해설자가 예비군 훈련으로 빠져서 잡은 대타의 기회였다.

온 동네 소문 다 내놓고 막 방송을 시작하려는데 그가 나타난 것이었다. 그날따라 훈련이 일찍 끝났다고 했다. 하일성은 실컷 준비만 하고 한마디도 못한 채 해설자석에서 내려왔다. 몹시 서운한 표정의 하일성이었다. 그 모습을 본 담당 PD는 미안한 마음도 있고 해서 그 이후에 시간을 잡아 하일성을 올렸다. 풍부한 야구상식, 감독과 선수들의 진솔한 이야기를 실시간으로 전달하는 구수한 입담, 물 만난 고기였다. '해설 연습생' 출신 하일성은 그렇게 프로야구 해설계의 전설이 되었다.

대타로 나서 성공하는 경우 우리는 흔히 행운을 잡았다고 하지만 거저 잡는 행운은 없다. 주인공을 능가하는 실력을 갖추고 있지 않으면 대타는 대타로 끝나고 만다.

오페라나 뮤지컬에는 '언더스터디'라는 게 있다. 주인공이 이런저런 사정으로 무대에 서지 못할 경우 대신 역할을 맡는 5분대기조이다. 주역과 똑같이 연습하며 공연을 준비하지만 주인공에게 별 일이 발생하지 않으면 배역 연습만 죽어라고 할 뿐 무대에는 나서지 못한다. 그들에게는 '남의 불행이 곧 나의 행복'인데, 많은 경우 연기가 시원찮아 원래 주인공의 가치만 높여주고 만다.

세계적인 음악가나 배우 중에서도 언더스터디 출신이 적지 않다. 레너드 번스타인은 뉴욕 필하모닉의 상임 지휘자가 독감으로 앓아눕는 바람에 갑자기 지휘를 하면서 스타로 급부상했다. 테너가수 플라시도 도밍고와 루치아노 파바로티, 중국의 피아니스트 랑랑 등도 언더스터디를 통해 갑작스럽게 스타 대열에 올랐다. 발레리나 강수진, 소프라노 신영옥도 대타의 기회를 살려 독일 슈투트가르트 발레단, 뉴욕 메트로폴리탄오페라 무대의 스타로 발돋움했다. 스타의 길과 대타의 길의 갈림길에 서 있는 언더스터디. 그건 비단 스포츠나 무대의 세계에만 존재하는 것은 아니다. 사람 사는 세계에는 어디든지 있다.

선택만 하고 선택에 맞는 노력을 하지 않으면 그 선택은 전혀 의미가 없다. 하지 않은 것과 똑같기 때문이다. 자기 자신이 정말 원하는 선택이고 그것이 정말 잘되기를 바란다면 선택에 기울인 노력, 그 이상으로 노력해야 한다. 무엇인가를 고른다는 것, 선택은 끝이 아니라 시작이다.

읍참마속 뒤에 숨은 공명의 비겁함

제갈량의 딜레마

칭찬은 고래도 춤추게 한다는 이유로 요즘 젊은 사람들은 아이를 잘 나무라지 않는다. 미운 놈 떡 하나 더 주고 귀한 자식 매 한 번 더 든다는 말은 구시대의 비과학적 교훈 정도로 치부하고 만다. 어릴 때부터 칭찬을 많이 해서 아이의 기를 세워주는 것이 야단을 많이 쳐서 주눅 들게 하는 것보다 좋은 방법이긴 하다. 루소도 "한 포기의 풀이 싱싱하게 자라려면 따스한 햇볕이 필요하듯, 한 인간이 건전하게 성장하려면 칭찬이라는 햇살이 필요하다"고 말했으니까. 사실 이거나 저거나 효과가 같다면 굳이 얼굴 붉힐 필요는 없다. 어른은 화낼 일 없고 아이는 기분 나쁠 일 없으니 누이 좋고 매부 좋은 셈이다.

그러나 과연 조건 없는 칭찬을 마냥 권장하기만 해야 하는 것일까.

손자 녀석 예쁘다고 오냐오냐 키웠다가 수염을 뜯기는 황당함을 겪지는 않을까. 정트리오를 세계적인 음악가로 키운 장한 어머니 이원숙 여사가 아이들을 키우면서 세운 세 가지 원칙 가운데 하나는 '칭찬거리가 아니면 칭찬하지 않을 것'이었다. 아이들 기세우려고 칭찬을 남발했다가 아이가 노력하지 않을 것을 염려해서였다고 한다. 엄한 얼굴로 내리는 벌보다는 웃는 얼굴로 하는 칭찬이 아무래도 좋겠고 실제 실험결과도 그러하니 칭찬을 생활화할 필요는 있지만, 칭찬과 벌은 함께 갈 때 더 효과가 있지 않나 싶다. 사랑할 줄 아는 사람만이 벌할 줄도 아는 것이기 때문이다.

제갈공명은 적의 침입을 효과적으로 차단할 수 있는 요지인 가정을 누구에게 맡길 것인가를 놓고 고민하고 있었다. 그때 마속이 큰소리를 치며 자원했다. 능히 소임을 다할 수 있음을 역설했다. 공명은 망설였으나 마속의 호언장담을 믿어보기로 했다. 그래도 미심쩍어 군령장을 쓰게 함으로써 단속을 했고 조자룡을 비롯한 여러 장수로 하여금 뒤를 받치게 했다. 혹시 마속이 잘못되더라도 제2, 제3의 대비책을 사전에 마련해 놓으면 충격을 최소화할 수 있겠다는 판단에서였다.

병사들을 이끌고 출전한 마속은 공명의 계책이 신통치 않다고 여

"사랑할 줄 아는 사람만이 벌할 줄도 안다."

겼다. 마속은 매복해서 길목을 지키라는 공명의 지시를 어기고 높은 산 위에 진지를 구축했다. 여러 책사가 잘못을 지적했으나 마속은 듣지 않았다. 마속은 자신도 공명 못지않은 실력자임을 은근히 내비쳤다. 공명이 미리 알려준 계책은 현지 지형을 잘 모르는 상태에서 세운 것으로, 공명 또한 이곳 지형을 알게 되면 자신과 같은 방법을 택할 것이라고 우겼다. 마속은 높은 곳에서 적의 동태를 잘 살피고 있다가 상황에 따라 수시로 변화를 주는 전법이야말로 상책 중의 상책이라고 생각했다.

그러나 대단한 판단착오였다. 막상 싸움이 시작되자 적의 포위망에 갇혀 오도 가도 못하고 당하는 신세가 되었다. 전력을 그대로 다 드러내놓은 데다 아래쪽에서 도주로까지 막고 있어 후퇴할 수도 없는 처지였다. 전군을 잃다시피 한 마속은 아군의 지원으로 겨우겨우 목숨을 부지했다. 그러나 촉군은 이 패전으로 엄청난 손실을 입었다.

어렵사리 싸움을 수습한 제갈공명은 모두가 보는 앞에서 마속을 문책했다. 이미 군령장을 쓴 바 있는 마속은 죽음으로써 벌을 받겠다고 했다. 공명 또한 마속의 죄를 참수로써 응징하도록 했다. 마속의 재주를 잘 알고 있었던 여러 장군들이 패전은 병가에서 흔히 있는 일이고 아직 전쟁 중이니 다시 한 번 기회를 주어 공을 세움으로써 죗값을 치르게 하자고 했으나 공명은 단호하게 일벌백계를 강행했다. 지는 싸움을 하고도 상을 받을 수 있는 것이 전쟁이지만 군령을 어겨 군사를 잃은 장수는 결코 용서해선 안 된다는 논리였다.

모름지기 훌륭한 리더는 사사로운 정에 휩쓸려 벌줄 상황에서 벌을 주지 않거나 사람에 따라 상과 벌을 차별해서는 안 된다. 그건 스스로 리더십을 해치는 자살행위나 마찬가지다. 마속에 대한 애정과 기강 바로잡기 사이의 선을 확실하게 그은 공명의 읍참마속泣斬馬謖은 오늘날까지도 올바른 리더의 자세로 귀감이 되고 있다.

그러나 공명이 과연 옳기만 한 것일까. 마속을 선택한 공명은 패전의 책임에서 마냥 자유로운가. 공명은 처음부터 마속을 믿지 않았다. 잘나기도 했지만 틈만 나면 잘난 척 하는 마속의 경솔한 성격 때문이었다. 일찍이 유비도 공명에게 마속을 중용하지 말라고 당부했다. 재주도 있고 용기도 있지만 다소 경박스럽다는 이유였다. 공명이 그걸 모를 리 없었다. 그럼에도 마속을 선택한 건 사사로운 정이 개입되었기 때문이다. 공명은 마속의 형인 마량과 각별한 사이였다. 공명은 촉의 여러 장수들 중에서도 믿음과 용기를 두루 갖춘 마량을 좋아했다. 마속이 적임자가 아님을 알면서도 마량을 생각해 마속에게 공 세울 기회를 주고 싶었을 수도 있다.

마속에게 군령장을 쓰게 한 것이나 이중삼중의 대비책을 마련한 것 모두 마속의 실수를 방지하거나 실수했을 때를 위한 것이었다. '혹시' 했지만 결과는 '역시'였다. 그렇다면 가정전투 실패의 첫 책임자는 어느 정도 예상했으면서도 마속을 기용한 공명이다. 공명의 잘못된 선택으로 인해 촉은 싸움에서 패해 막대한 피해를 입었고 잘나가던 장수 한 명이 목숨을 잃었던 것이다. 공명도 그 점이 찝찝했던지 자신의 책임을 논했지만 모두가 말리는 바람에(말리지 않을 수도 없었지만) 거두어들이고 말았다.

리더의 선택, 리더의 말 한마디는 매우 중요하다. 자신이 세운 전략이 어긋나고 자신이 고른 사람이 실패했다면 그것을 탓하기 전에 우선 자신에게 먼저 벌을 주어야 한다. 그래야 후배들의 믿음과 존경을 얻을 수 있으며 믿음이 있어야 다음의 성공을 기약할 수 있다.

이왕 할 거라면 확실하게

조성민과 한명우의 재기

얼치기는 성공하지 못한다. 하려면 확실하게 해야 한다. 확실하게 할 것이 아니라면, 만반의 준비가 되지 않았다면 차라리 시작하지 않는 게 낫다.

'그까짓 것, 대충'은 없다. 운이 좋아 더러 잘되기도 하지만 어쩌다 한 번이다. 대충대충 했는데도 일이 잘 풀렸다면 머지않아 곱절로 낭패를 볼 가능성이 높다. 세상에 공짜는 없다. 결국은 노력한 만큼 얻게 된다. 일할 준비도 없이 그저 막연한 바람으로 시작하면 돌아오는 건 실패의 아픔이다. 보잘 것 없는 자벌레도 1밀리미터가 안 되는 거리를 나가기 위해 몸을 잔뜩 접는다. 모든 땅이나 초목이 그저 기다리기만 하고 봄에 대한 준비를 하지 않는다면 봄은 영영 오지 않는다.

톨스토이의 조언이다.

조성민은 다시 한 번 해야겠다고 마음먹었다. 아쉬움을 훌훌 털어내고 싶었다. 흘러간 세월이 무상하지만 30대 초반이니 의학적으로도 문제될 게 없었다. 부상을 당해 은퇴하긴 했지만 좀 쉬다 보니 젊은 시절의 몸으로 다시 돌아온 것 같았다. 가슴 아팠던 사생활에 대한 심리적 부담도 털어냈다.

신인 드래프트에 이름을 올렸다. 하지만 어느 구단도 선뜻 나서질 않았다. 그 정도의 신체적인 부상, 심리적인 불안정을 겪은 선수가 재기에 성공하는 것을 본 적이 없었으니 그럴 만도 했다. 하는 수 없이 포기하고 돌아선 조성민을 한화에서 불렀다. 비록 신고선수라는 요상한 신분이었지만 잘할 수 있다는 것을 보여줄 수 있음에 신이 났다. 구슬땀을 흘렸다. 땀을 한바가지 흘리고 나면 짜릿한 상쾌함이 온 몸을 싸고 돌았다. 3년의 공백이 그리 길게 느껴지지 않았다.

행운이 뒤따르긴 했지만 한국 프로야구에 뛰어든 지 3개월 만에 첫 승을 올렸다. 지고 있는 상황이어서 부담이 없었다. 무사 2루의 위기를 잘 틀어막자 이내 아군의 역전타가 터졌다. 1과 3분의 1이닝을 던지고도 승리투수가 되었다. 그해 2승 2패 4홀드를 기록했다. 나쁘지 않았다. 하지만 돌아온 2006년 어깨수술로 일곱 경기에서 승패 없이 평균 자책점 6.75에 머물렀다. 좀 할 만하면 터지는 부상이 언제나 조성민의 발목을 잡았다. 고교, 대학 시절 불 같던 공을 감안하면 애석한 일이다.

'비운의 조성민'으로 불릴 만하지만 프로선수에겐 '부상도 실력'이어서 마냥 그렇게 볼 수는 없다. 3년간 3승 3패. 조성민의 마음은 활활 타고 있었지만 몸은 만들지 못했다. 하루를 쉬면 이틀을 더 노력해야 하고 한 달을 쉬면 두 달은 뛰어야 하며 10년을 허송하면 그걸 만회하는데 20년이 걸린다고 했다. 더 좋은 상태가 아니라 원래대로 다시 돌아오는 데 그렇다는 이야기다. 3년의 공백을 훌륭하게 메우기 위해선 뼈를 깎는 아픔, 견딜 수 없는 고통을 이겨내야 하는 것이다.

몸과 마음이 모두 피폐해진 조성민으로선 결코 쉽지 않은 일이었는데, 사실 그럴 경우 누군가의 도움을 받아야 한다. 혼자 힘만으론 힘들다. 강한 압박, 강한 동기부여가 필요하기 때문이다. 힘들게 운동하지 않아도 되는 입장인데 스스로 육체적 고통을 감내하겠다고 나서는 것은 상상 이상으로 힘들다. 대부분 작심삼일이 되고 만다. 유혹과 고통이 싸우면 십중팔구 유혹이 이긴다. 하지 않아도 될 때 굳이 하자고 나서거나 참을 필요가 없는데도 참아야 할 때는 반드시 그렇게 하지 않으면 안 되는 이유가 있어야 한다. 이유가 확실해도 몸이 따로 놀아 성공 확률이 높지 않다.

"모든 땅이나 초목이 그저 기다리기만
하고 봄에 대한 준비를 하지 않는다면
봄은 영영 오지 않는다."

한명우는 86 서울아시안게임 자유형 레슬링 74킬로그램급에서 금메달을 딴 후 곧바로 은퇴했다. 2년 뒤의 서울올림픽이 탐났지만 서른 살이라는 나이가 부담스러웠다. 오로지 레슬링에만 매달렸던 10여 년의 세월을 정리했다. 그리곤 선수가 아니라 트레이너의 자격으로 태릉선수촌에 들어갔다. 후배들의 훈련을 도우면서 새로운 일에 전념했다.

그러던 어느 날 그는 체력이 다시 돌아오는 느낌을 받았다. 막상 선수생활을 마감하고 트레이너를 하다 보니 경기를 어떻게 해야 하는지도 훤히 보였다. 한 발짝 떨어져 바라보니 의외로 많은 것이 보였다. 한번 해보자고 마음먹었다. 할 수 있을 것 같은 생각이 들었다. 나이는 잊어버리기로 했다. 훈련량을 대폭 늘렸다. 힘이 들긴 했지만 기분은 좋았다. 억지로 했던 연습과는 차원이 달랐다. 후배 선수들과의 맞잡이 횟수를 조금씩 늘려 나갔다. 스파링을 할 때도 전력을 다했다. 실전 같은 훈련이었다. 선수들이 그에게 몰렸다. 연습이 잘 되기 때문이었다. 전보다 오히려 힘이 더 붙는 듯했다.

올림픽 국가대표 선발전이 시작되었다. 두 아이의 아버지인 한명우는 모두의 반대를 무릅쓰고 출전신청서를 제출했다. 감량으로 인한 컨디션 저하를 줄이기 위해 82킬로그램급으로 한 체급 올렸다. 그가 남몰래 땀 흘린 것을 모르는 사람들은 나이도 있고 훈련도 모자랄

텐데 되겠느냐는 반응들이었다. 쉽지는 않았다. 한때는 간단하게 제쳤던 3, 4년 후배들이었건만 힘겨웠다. 떨어지는 힘을 노련함으로 극복했다. 힘 자체는 모자랐지만 힘의 분배에서는 그들보다 나았다. 결국 간발의 차이로 우승, 세 번째 올림픽에 나설 수 있게 되었다.

또 다시 태극마크를 달았지만 82킬로그램급은 난공불락의 체급. 한국인을 비롯한 동양인의 체격조건으로는 유럽과 미국 선수들을 이길 수 없었다. 유난히 강자가 많은 체급이기도 했다. 미국의 마크 슐츠, 소련의 알렉산드로 탐보세보, 체코슬로바키아의 용세프, 터키의 겐잘프 등이 버티고 있는 용호상박의 격전장이었다. 그로서는 명함도 내밀 수 없는 강자들이었다. 하지만 운명의 조 추첨에서 한명우는 이들을 다 피했다. 그들은 모두 같은 조에 옹기종기 모였고 한명우는 반대 조였다. 황금의 조 추첨이었다.

그렇다고 한명우 조가 그리 만만한 것은 아니었다. 최강자들이 반대편에 몰렸다는 것이지 이쪽에도 강자가 있었다. 4차전 상대였던 일본의 이토는 일찍이 이겨보지 못한 선수였다. 그를 꺾고 대망의 결승에 올랐지만, 경기 중 그의 이마에 부딪쳐 왼쪽 눈썹 위가 찢기는 중상을 입었다. 계속 스며 나오는 피로 흰 붕대가 붉게 물들어 처절하게 보였다. 하지만 그것 역시 그에겐 행운이었다. 상대에게 투혼의 사나이라는 강인한 인상을 주었을 뿐더러 붕대를 다시 매는 척하면서 잠시라도 쉴 수 있어서였다.

한명우는 이제 되었다 싶었다. 결승 진출로 은메달을 확보했으니 그것만으로도 충분했다. 동메달만 해도 어디냐고 하지 않았던가. 조예선이 끝난 후 뱃속의 모든 걸 다 토했다. 가만히 서 있는 것조차도 힘들었다. 이마에선 계속 피가 흐르고 체내의 힘은 모두 빠져나갔다. 결승전은 대충 하자고 했다. 하지만 잠시 쉬고 나니 다시 욕심이 났다. 이제 한 번 남았다. 다시 잡지 못할 기회, 마지막 매트에 인생을 걸기로 했다.

상대 조에선 터키의 겐잘프가 올라왔다. 강자들과 싸우느라 그 역시 초죽음 상태였다. 그야말로 만신창이였다. 오른쪽 팔목을 다쳤다는 이야기도 들렸다. 결승 매트에서 맞선 그의 몸은 정상이 아닌 듯했다. 결승 시작 23초, 한명우가 특기인 오른팔 잡아채기로 선취점을 얻었다. 겐잘프의 부상은 사실인 듯했다. 팔을 잡아채자 너무 손쉽게 딸려왔다. 한명우는 더 이상 그의 오른팔을 공격하지 않았다. 경기가 끝난 후 겐잘프는 한명우에게 고맙다고 인사했다. 굴욕적인 대패를 당하지 않게 해준 점, 부상부위를 공격하지 않아 더 이상 부상이 심하지 않게 배려해준 점이 고마워서였다.

한명우는 그렇게 88 서울올림픽 자유형 레슬링 82킬로그램급 챔피언이 되었다. 운이 뒤따랐지만 거저는 아니었다. 간절히 원하며 각고의 2년 세월을 보냈기에 행운도 함께한 것이었다.

마음만 가지고 어설프게 시작하는 건 가만히 있는 것보다 못하다. 충분히 고통스럽지 않기에 타성을 벗어나기가 쉽지 않은 까닭이다. 중요하든 그렇지 않든 하려면 보다 철저하게 준비한 후 뛰어들어야 한다.

정상 언저리에서 갑자기 추락한 많은 사람들이 재기를 꿈꾸며 이전에 놀던 마당으로 들어서지만 꿈을 이루지 못하고 쓸쓸히 돌아서는 경우가 많다. 재기전의 상황은 보통 처음보다 훨씬 어렵다. 당연히 노력도 갑절은 되어야 한다. 하지만 대부분 절반의 노력을 하고 그것만으로도 충분하다며 서둘러 덤빈다. 처음 도전했을 때의 그 치열함을 잊고 막연한 기대감만으로 덤비기 때문에 성공으로 이르는 문턱을 넘지 못한다.

오랫동안 엎드려 있던 새가 높이 날고 잔뜩 웅크려야 멀리 뛸 수 있다. 힘을 기르는 시간이 길어야 필요할 때 힘을 제대로 발휘할 수 있다. 하지만 쉽다고 다 쉬운 것이 아니듯 어려워 보이는 일도 막상 부딪치면 그리 어렵지도 않다.

가지 않는 길을 가라

박범훈의 좁은 길

'가지 않은' 길과 '가지 않는' 길은 다르다. 글자 하나 차이지만 속 내용은 천지차이다. 가지 않은 길은 갈 수 있지만 마음에 들지 않거나, 길의 끝이 그다지 좋을 것 같지 않아 다른 길을 선택하느라 가지 않은 것이다. 그래서 길을 가면서도 가지 않은 그 길에 대한 미련이 남을 수 있다. 지금 가는 길이 힘들면 더욱 그렇다.

가지 않는 길은 많은 사람들이 가기를 꺼리거나, 갈 길이 아닌데도 불구하고 소수만이 외롭게 가는 길이다. 앞선 사람들이 가지 않았기에 길은 험난하기 마련이다. 길이 없었기에 길을 만들며 가야 한다. 처음 가는 길이라서 헤맬 때도 많고 잘못 들어설 수도 있지만, 남들이 가지 않는 그 길에선 시행착오도 좋은 경험이고 공부다.

어쩌다 만난 길이었다. 좁고 험한 길, 고생이 뻔했다. 외면하면 그만이었다. 그러나 그러지 않았다. 누군가는 개척해야 할 길이었다. 단단히 각오했고 후회도 했고 멸시도 당했지만 그 길의 끝은 희망이었다. 양평중학교 밴드부의 트럼펫 주자 박범훈은 마을에 찾아든 남사당의 소리에 빠졌다. 트럼펫과는 사뭇 다른 매력이 있었다. 그들의 소리는 요란했지만 시끄럽지 않았다. 아름다운 선율을 타고 넘는 슬픔이 묘하게도 가슴을 파고들었다.

무작정 서울행, 국악고등학교에 입학했다. 잘 곳도 만만찮고 먹을 것도 시원찮았지만 피리도 불고 태평소도 불고 꽹과리도 두들기며 신나게 시간을 보냈다. 그러나 마냥 신나지만은 않았다. 우리나라 사람들이 우리 것을 내치고 천대하는 장면에서 울화통이 터졌다. 즉흥적이기만 한 우리 가락에도 문제가 있음을 깨달았다. 작곡을 하자고 했다. 국악 작곡이었다. 생소한 장르였다. 작곡의 본류가 서양음악이니 그럴 수밖에 없었다. 국악 작곡을 하는 사람이 없으면 우리의 소리는 언제까지나 박물관에서 놀 수밖에 없을 것 같았다. 박제가 되어버린 국악에 새 생명을 불어넣고 싶었다.

마음은 먹었지만 길이 없었다. 군대를 다녀온 후 중앙대 음악과를 지원했다. 서양음악을 배우기 위해서였다. 연주 실력으론 어디든지 다 갈 수 있었으나 그건 누구나 가는 길이었다. 학교에서 배우는 건

"남들이 가지 않는 그 길에선 시행착오도
좋은 경험이고 공부다."

서양음악이었지만 생활은 국악 쪽에서 했다. 편곡을 해야 할 일이 너무 많았다. 황무지이면서 신천지였다.

대학원은 일본에서 하기로 했다. 무사시노 음대에서 아시아의 소리를 배울 생각이었다. 그러나 무사시노는 그의 입학을 허락하지 않았다. 한국에서의 학력을 인정하지 않았다. 하는 수 없이 학부부터 다시 시작했다. 대학원생이 아니라 대학생이었다. 사는 게 걱정이었지만 그 4년은 훗날 큰 도움이 되었다.

몸과 가슴으로 익힌 우리 가락이 머리로 익힌 서양음악의 틀을 빌려 날기 시작했다. 남의 틀이었지만 우리 몸에 맞추고 나니 훌륭했다. 박범훈은 국악 작곡과 편곡 분야에서 독보적인 존재가 되었다. 미친 듯이 곡을 썼다. 모두 처음 하는 일이었다. 국악 오페라, 국악 무용극, 춤곡, 사물놀이곡, 마당놀이곡들이 그를 통해 퍼져나갔다. 새로운 국악이 대중들과 호흡을 하기 시작했다. 문화체육관에서 열린 마당놀이는 늘 매진이었다. 우리 것에 대한 대중들의 타는 목마름을 흠뻑 적셔주었다. 덕분에 김성녀, 윤문식 등 우리 가락의 스타가 나오기도 했다. 국가적인 행사에도 불려 다녔다. 구태의 허물을 벗은 국악이 시민들을 찾아갈 수 있었다. 아무도 가지 않는 그 길이 박범훈에겐 축복이었다.

선택 그 자체가 힘들 뿐더러 가는 길에 깊은 강, 높은 산, 가파른 절벽이 수없이 도사리고 있지만, 그 결과를 미리 알 수 있다면 사실 별건 아니다. 그러나 어떤 사람도 결말을 미리 알 수 없다는 점을 감안하면 그 결단과 선택은 대단한 것이 된다.

남들이 가지 않는 길을 간 선구자들이 다 성공한 것은 아니다. 성공확률이 낮다. 하지만 그 길은 최소한 보람만은 보장한다. 이 사람이 조금 가고 다음 사람이 또 조금 개척해서 길을 만드는 예가 훨씬 많았다. 삶이 그렇게 피곤하지 않다면 가지 않는 길을 한번쯤은 생각해볼 일이다.

길이 많다고 여기저기 기웃거리지 마라

김인식의 베스트라인업

양손의 떡은 행복한 고민이다. 둘 다 먹을 수 있다면. 하지만 둘 중 하나만 골라야 한다면 하나밖에 없을 때보다 못하다. 고민이 두 배이고 어느 쪽을 선택하더라도 만족하지 못한다. 남의 떡이 더 커 보이는 것과 같다. 딱 한 가지뿐일 때 만족지수가 높을 수 있다.

길이 여러 가지라면 고민의 양도 그만큼 늘어난다. 양자택일의 OX 문제보다 사지선다형이 어렵고 오지선다형은 더 헷갈린다. 물론 다 가볼 수 있다면 선택의 길이 많을수록 좋다. 시간과 품을 팔아야 하지만 최선의 선택을 할 수 있다. 길이 아무리 많아도 지금 갈 수 있는 길은 한 길뿐이다. 시험이든 세상살이든 다 마찬가지다.

윤동균은 머리가 아팠지만 그래도 행복했다. 선수들을 열심히 키운 덕에 가용인원이 넉넉했다. 2루수, 3루수에 외야수까지 즉시 전력으로 써먹을 수 있는 선수가 한 포지션에 두세 명이나 되었다. 한두 선수가 부상을 입어도 걱정 없었다. 백업요원이 더 잘할 수 있을 정도였으니 한 시즌을 소화하기는 누워서 떡 먹기였다. 선수들의 실력도 수준급이었다. 두산베어스의 '93시즌 성적은 3위. 최소한 20퍼센트의 전력을 보강했으니 2, 3위권은 보증수표고 1위까지 바라볼 수 있었다. 윤동균은 내심 페넌트레이스 1위를 자신하고 있었다.

두산은 활기차게 시즌을 시작했다. 그러나 레이스가 거듭될수록 성적은 뒷걸음질이었다. 쓸 수 있는 선수가 많았던 윤동균은 수시로 선수들을 돌렸다. A가 안되면 B를 기용했고 B가 안되면 C를 밀어 넣었다. C가 못마땅하면 다시 A를 넣었다. 경기마다 선수를 바꾸다 보니 아예 주전이라는 게 없었다. 매 경기 누구를 쓸까 고민하며 무던히 애를 썼음에도 좀처럼 성적은 오르지 않았다. 아니 오히려 더 미끄러졌다.

윤동균은 부아가 치밀었다. 분명 1위급 실력이고 선수기용도 다양하게 하면서 채찍질을 하는데도 성적이 나지 않으니 그럴 만도 했다. 분석해보니 선수들의 실책이 문제였다. 수비에서의 에러는 실력보다는 훈련 부족과 집중력 부족에서 나오는 것. 경기가 끝나면 좀 더 진지

하고 성실하게 플레이를 하라고 다그쳤으나 나아지지 않았다. 잔소리가 많아지면서 팀 분위기가 가라앉았다. 가라앉은 팀 분위기는 패전으로 이어졌고 이기는 날보다 지는 날이 더 많았다. 악순환이었다. 지는 것보다 성실하게 경기를 하지 않은 것에 화가 난 윤동균은 전주 경기를 마친 후 체벌을 들먹이며 선수들을 마구 질타했다. 그것이 엄포성이었음에도 선수들은 민감하게 반응했다. 맞으면서까지 야구를 하고 싶지는 않다며 프로야구 초유의 집단이탈을 하고 말았다. 시즌이 끝나가는 9월 초였다. 두산의 그 시즌 최종성적은 7위였다.

윤동균이 떠나고 김인식이 사령탑을 맡았다. 김인식은 실력보다는 팀 화합이 우선이라고 생각했다. 어차피 다 성인이고 연봉을 한 푼이라도 더 받으려면 각자가 뛰어야 하는 것이니 굳이 몰아세울 일도 아니었다. 동계훈련의 강도를 높이고 개인훈련을 강화하라는 지시로 시즌 준비를 마치고 '95시즌 레이스에 들어갔다. 그 결과는 페넌트레이스 1위에 한국시리즈 우승이었다. 같은 유니폼에 같은 선수, 그 나물에 그 밥인데 성적은 하늘과 땅이었다. 어떻게 그런 일이 가능했을까.

선택이었다. 윤동균은 헷갈렸고 계속 나쁜 선택을 했다. 선수가 넉넉하다는 점을 즐겼다. A가 못하면 바로 B로 바꾸었다. 한 번의 실수

"지금 이 순간 가장 급한 일,
지금 이 순간 가장 중요한 사람은 언제나 하나밖에 없다."

도 용납하지 않았다. B 역시 같은 운명이었다. 어쩌다 실책을 저지르면 바로 덕아웃으로 불러들였다. 선수들은 불안했다. 운동장에 서 있지만 언제 다시 빠질지 모르는 처지였다. 가시방석이었다. 실수라도 하면 큰일이라 신경을 곤두세웠지만 그것이 화근이었다. 지나친 긴장이 플레이를 위축시켰다. 연달아 실수를 저질렀다. 시즌 시작할 때만 해도 다 괜찮아 보였는데 마음에 드는 선수가 하나도 없었다. 바꾸고 또 바꾸다 보니 규정타석을 채우는 선수가 거의 없었다. 선수들의 불만도 점점 커졌다. 다들 주전감이었는데 모두가 3분의 1밖에 뛰지 못하는 후보선수가 되고 말았다. 성적이 곤두박질친 것은 당연한 결과였다.

반면 김인식은 주전감을 꼽았다. 고만고만해서 선택이 쉽지 않았지만 그래도 여러 가지를 감안해서 1, 2순위를 정했다. 수비형과 공격형으로도 나누었다. 이기고 지는 경기상황에 따라 기용했다. 선수들의 실책은 교체요인이 아니었다. 많은 경기를 하다보면 실책은 피할 수 없다. 프로는 같은 실수를 웬만해선 두 번 연속 하지 않는다. 한두 번의 실수에 대해선 눈을 감았다. 자기 분에 못 이겨 선수를 바꾸는 법이 없었다. 선수들이 안정을 찾았다. 혹시라도 실수하면 자신의 잘못을 만회하기 위해 더 노력했다. 수비의 안정은 공격으로 이어졌다. 주전으로 기용되지 않아도 불만을 늘어놓지 않았다. 이해가 되는 선수기용이었다. 불평할 시간에 연습을 더했다. 쓰라린 상처를 화합으로 봉합한 팀은 경기를 더해 갈수록 점점 강해졌다.

윤동균은 경쟁시스템을 가동했으나 김인식은 믿음으로 진용을 짰다. 윤동균은 못하면 바로 빼 선수들에게 마음의 상처를 입혔으나 김인식은 실수하면 잘할 때까지 내버려둬 마음의 안정을 주었다. '노피어No Fear, 두려워하지 말라' 정신으로 만년 꼴찌 롯데자이언츠를 강팀으로 일궈낸 제리 로이스터 감독도 기본적으로는 김인식과 같은 맥락의 리더십을 구사했다.

야구장에만 국한되는 이야기가 아니다. 조직을 이끄는 많은 사람들이 비슷한 잘못을 저지른다. '너 아니라도 사람은 많다'는 말이 대표적이다. 그러니 '여기 아니라도 일 할 데는 많다'는 반응을 나무랄 수 없다. 말하는 사람은 이내 잊어버리지만 당한 사람은 두고두고 곱씹는다. 좋은 분위기, 좋은 결과를 바랄 수 없다.

지금 이 순간 가장 급한 일, 지금 이 순간 가장 중요한 사람은 언제나 하나밖에 없다. 남산에 가장 큰 소나무가 하나이듯. 경우의 수가 아무리 많아도 꼼꼼히 살피고 앞뒤 상황을 잘 고려하면 정답은 나오게 되어 있다. 그 다음은 믿음과 인내로 기다리면 된다.

잘못된 선택이라도 포기하지 마라

이기우의 턴어라운드

시시각각 펼쳐지는 선택의 갈림길에서 매번 올바른 선택을 할 수는 없다. 누구나 잘못된 선택을 한다. 신이라면 혹시 모르겠지만 그리스로마신화 속의 신들도 적잖게 실수를 하는 것으로 되어 있다. 선택을 잘못한 경우가 없다는 것은 결국 아무 것도 하지 않았다는 이야기이다. 병가에서도 흔히 있는 일이니 인생사는 더 말해 뭐하겠는가.

잘못된 선택은 그러므로 큰일이 아닐 수 있다. 문제는 그 다음의 자세이다. 잘못된 선택을 잘된 선택으로 바꾸기 위해 노력한다면 그건 성공의 원동력이 된다. 후회하고 투덜대며 주저앉는다면 아주 가까운 장래에 좋지 않은 자신의 모습을 발견할 수밖에 없다.

어차피 완벽한 선택이란 없고 잘못 선택하는 것이 흔한 일이라면 그 사실을 아는 즉시 반전의 노력을 해야 한다. 선택을 다시 하거나 그 선택이 좋은 결과를 낳을 수 있도록 최선을 다하든가.

이기우는 9급 공무원에서 출발해 차관까지 올랐다. 그래서 그의 이름 앞에는 늘 '고졸 9급 신화의 주인공'이라는 수식어가 따라다녔다. 성공한 공무원의 모델케이스로 회자되었으나 그의 출발은 잘못된 선택이었다.

이기우는 고등학교를 졸업하고 첫 대학 입시에서 떨어졌다. 가정형편상 재수가 만만찮았다. 돈을 벌기 위해 공무원 시험을 봤다. 공무원은 목표가 아니었다. 대학에 가기 위한 방편이었다. 제힘으로 돈을 벌어 다시 대입 시험을 보기 위해서였다. 그래서 공무원이 되었다.

일은 뒷전이었다. 낮의 공무원 일은 대충하고 밤의 자기 공부는 열심히 했다. 어영부영하는 젊은 뺀질이는 자연스레 상사들의 눈 밖에 났다. 어느 날 출근했더니 자리가 없어졌다. 큰일이었다. 그만두더라도 이건 아니었다. 뺀질이라고 소문나는 것도 싫었다. 용서를 구했다. 상사들은 3개월여 먹지로 글 베끼는 일만 시켰다. 죽을 맛이었지만 군소리 없이 했다. 지은 죄도 있었지만 '괜찮은 친구'라는 평가를 받고 싶었다. 대학은 일단 제쳐놓았다. 낮의 일에만 몰두했다. 일도 할 만했고 인정도 받았다.

"선택을 잘못한 경우가 없다는 것은
결국 아무 것도 하지 않았다는 이야기이다."

생각도 바뀌었다. 굳이 대학에 들어갈 이유가 없다고 생각했다. 학벌이 문제되지 않는 공무원이 좋아졌다. 능력을 우선 보는 곳, 열심히 해서 최고가 되자고 마음먹었다. 생각이 바뀌자 많은 것이 달라졌다. 업무를 대하는 태도, 업무를 진행하는 태도, 민원인을 대하는 태도, 업무에 대한 의식이 철저해졌다. 스스로 행동지침도 마련했다. 진실, 성실, 절실의 '3실'. 그것이 9급에서 차관까지 총 10단계를 오른 비결이었다.

그러나 그것만이 전부는 아니다. 틈만 나면 책을 보고 공부했다. 자리가 오를수록 더 많은 공부를 했다. 업무처리를 위한 전문적인 지식은 당연했고 인간관계에 필요한 유머까지 따로 머리에 넣어둘 정도였다. 그는 늘 새롭고 재미있는 이야깃거리를 한보따리씩 가지고 다녔다. 분위기를 부드럽게 하는 데는 그만이었다. 고위공직자였으니 그가 굳이 분위기를 좋게 만들어야 할 필요는 없었지만 그는 '국민을 모시는 일'이라며 몸 낮추기를 한시도 잊지 않았다.

잘못된 선택은 많다. 그러나 최초의 선택 이후 어떻게 하느냐에 따라 그것이 잘된 선택이 될 수 있다. 잘못된 선택이 잘못된 결과를 낳는다면, 그것은 선택의 문제가 아니라 노력의 문제라고 봐야 한다. 잘못된 선택을 하고 잘못된 결과를 낳는 사람들의 특징은 잘못된 선택인 줄 알면서도 그것을 바꾸려는 노력을 하지 않는다는 점이다.

선택은 언제나 두 가지다. 잘한 선택과 잘못된 선택. 50퍼센트의 확률이다. 그러니 잘못된 선택은 잘한 선택만큼이나 많을 수밖에 없다. 잘못된 선택을 했더라도 그 선택을 위해 최선을 다하면 선택의 모습은 완전히 달라질 수 있다. 잘못된 선택은 없을지도 모른다. 선택 후의 잘못된 행동, 지레 포기하는 잘못이 그 선택을 잘못된 것으로 만들 뿐이다.

| 인생의 중대사 3 |

결혼은 필수인가 선택인가?

철학자들은 한결같이 결혼에 대해 부정적이다.
소크라테스는 말한다.
"결혼은 하는 것이 좋은가, 하지 않는 것이 좋은가? 그 어느 쪽이든 후회할 것이다."
디오게네스는 말한다.
"결혼은 젊어서 하면 너무 이르고 나이 들어 하면 너무 늦다."
몽테뉴는 말한다.
"결혼은 새장과 같다. 밖에 있는 새들은 쓸데없이 그 속으로 들어가려 하고, 속에 있는 새는 쓸데없이 밖으로 나가려고 애쓴다."
페레즈코프스키는 말한다.
"늘 현명한 인간이 되고 싶으면 결코 결혼하면 안 된다. 결혼이란 것은 미꾸라지를 잡으려다가 뱀이 들어 있는 자루 속에 손을 집어넣는 꼴이 되는 것이다. 결혼을 하느니 중풍에 걸리는 편이 오히려 낫다."
어느 기자가 "금요일에 결혼하면 평생 불행하다는 것을 믿으십니까?" 라고 묻자 버나드 쇼는 대답한다. "물론이죠. 금요일이라고 예외일 수가 있겠습니까?"
말은 그렇게 하면서도 이들 철학자 대부분이 결혼을 했다. 결혼은 하는 것이 정설이지만 선택이 될 수도 있다. 독신으로 평생을 보내는 사람이 없지 않고, 인생 자체가 부담 없어 기혼자들이 이룰 수 없는 많은 것을 이룰 수도 있다. 결혼을 선택한 경우에도 독신자들이 평생 이루지 못하는 것을 이룰 수 있으니 기혼과 비혼을 비교하는 것은 의미가 없다.
필수는 아니지만 결혼은 대세이고 그런 점에서 결혼은 한 번으로 끝내는 것이 좋지 않을까 싶다. 요즈음은 결혼도 두 번 이상 선택하는 경우도 적지 않지만, 아이 문제를 비롯한 여러 가지 상황을 고려하면 역시 한 번이 정답에 가깝다. 초혼은 의무, 재혼은 바보, 세 번째 결혼하는 자는 미치광이라지 않은가.

불가에서는 억겁의 인연이 닿아야 부부의 인연을 맺을 수 있다고 말한다. 겁의 세월은 인간의 시간이 아니다. 사방 10리의 깊은 가마솥에 깨알이 가득 차있다. 그 깨알을 한 알 한 알 집어내 솥 바닥이 완전히 드러나는 세월이 겁이다. 선녀는 하루 한 번 지상으로 내려와 목욕을 한다. 그녀는 지름 10미터, 높이 10미터의 큰 바위 위에 옷을 벗어놓는다. 잠자리 날개 같은 선녀의 옷이 스쳐 바위가 다 닳아 없어질 때까지의 세월이 겁이다. 그 겁의 세월이 1억 번 모여야 비로소 두 사람이 부부의 연을 맺을 수 있다. 인간의 머리로는 불가능의 세월인 억겁. 정말 신중을 기하지 않을 수 없다. 그래서 러시아 사람들도 '싸움터에 나갈 때는 한 번, 바다에 나갈 때는 두 번, 결혼할 때는 세 번 기도하라'고 했다.

4장

후회 없는 선택을 낳는 7가지 태도

"선택이 절반이다. 아니 그 이상이다. 선택하는 순간 이미 상황은 시작된다. 어떤 경우든 선택은 그래서 매우 중요하고 후회 없는 선택이 되도록 세심하게 고려해야 한다."

후회 없는 선택을 낳는 7가지 태도

선택이 절반이다. 아니 그 이상이다. 선택하는 순간 이미 상황은 시작된다. 이미 결과를 예측하고 선택한 선택이어서 과정이 단순한 경우라면 선택이 곧 결과나 마찬가지이다. 과정이 길고 상황이 복잡해도 선택을 할 때 그것까지 계산에 넣었으므로 결과는 크게 다르지 않을 것이다. 어떤 경우든 선택은 그래서 매우 중요하고 후회 없는 선택이 되도록 세심하게 고려해야 한다.

무엇이 될까보다 어떻게 살까를 생각하라

어떻게 살아야 할까. 어려운 문제이다. 추상적이고도 포괄적이다.

어쩌면 도를 닦아야 할지도 모른다. 그에 비하면 무엇이 될까는 쉽다. 이미 정답이 나와 있으니 그저 열심히 돌진하면 된다. 과정보다는 결과를 중시하므로 가다가 힘이 들면 적당히 요령을 피워도 되고 눈속임도 가능하다.

좋은 성적, 좋은 대학, 좋은 직장을 좇는다고 탓할 수는 없다. 명예, 재물, 권력은 보통사람들의 당연한 욕심이다. 노력하지 않고선 얻을 수 없으니 그들의 노력을 높게 사야 하는 것은 옳다. 하지만 오로지 그것이 목적이어선 안 된다. 결과가 좋다고 다 좋은 건 아니다. 과정 또한 훌륭해야 존경을 받을 수 있다. 고양이는 희든 검든 쥐만 잘 잡으면 되지만 사람은 그렇지 않다. 사회적으로 출세하고 많은 부를 소유해도 과정에 문제가 있다면 결국 허공에 떠있는 누각일 뿐이다. 가벼운 바람에도 날아간다.

정상 정복을 위해 오직 앞만 바라보고 달리면 신이 세심하게 배려한 주변 길의 아름다움을 놓칠 수밖에 없다. 정상에선 보지 못하는 풍경들. 삶의 덧없음을 느끼는 지점에서 후회하게 된다. 오직 출세를 위해, 부의 축적을 위해 전우의 시체를 밟기도 하고 작고 좋은 것들을 희생시켰다면 편안하게 잠을 이루지 못하게 된다.

일장공성만골고一將功成萬骨枯.

장군 한 명의 성공이 병사 만 명의 죽음 위에 선 꼴이니 어찌 안 그렇겠는가. 잔인한 출세에는 수많은 한이 서려있다.

사회는 제로섬 게임이다. 조직에서의 갈등, 서로 자리를 차지하려는 경쟁, 땅을 더 많이 가지려는 욕심은 제로섬 게임이다. 남이 가지면 내가 가질 수 없다. 내가 가지려면 남의 것을 빼앗아야 한다. 그곳에선 이기든 지든 번민의 나날이다. 스트레스가 언제나 온몸을 휘감고 있다. 더 가졌든 덜 가졌든 불행하기는 마찬가지다. 그러나 인생은 제로섬 게임이 아니다. 나누면 더 많이 가질 수 있다. 가치는 버려야 비로소 채울 수 있는 무한자산이다.

"자유롭지 않은가? 그러면 버려라. 그래도 자유롭지 않은가? 그러면 더 버려라."

'무엇이 될까'는 불행의 확률이 더 높다. 이루고 이루어도 또 이루고 싶은 것이 생긴다. 욕심의 끝은 없다. '어떻게 살까'는 행복이다. 길이 많으므로 더 가지지 않아도, 아무것도 되지 않아도 행복하다. 우리에게 삶의 교훈을 던져주는 사람은 모두 무엇이 될까를 버리고 어떻게 살까를 고민했던 사람들이다.

선택의 주체가 되라

선택의 주체는 항상 나다. 선택할 자유도 내 것이고 책임도 내 것이다. 나를 중심으로 모든 걸 생각하고 선택해야 한다. 내가 쌓은 경험, 나의 가치관, 나의 능력, 나의 환경 등을 고려하여 갈 길을 정해야 한다.

선택은 그래서 고민이다. 선택을 어떻게 하느냐에 따라 결과가 달라지기 때문이다. 차라리 다른 사람이 정해주었으면 하고 바랄 때도 있다. 하지만 그건 권리는 행사하지 못하고 책임만 지는 것이니 중요한 기로라면 즐겁게 고민하는 게 맞다. 다른 사람의 길을 참고하는 것이 도움은 되지만 다른 사람을 그대로 따라가는 것은 좋지 않다. 어떤 일이든 사람에 따라 다르고 상황에 따라 다를 수 있다.

나의 흔들리지 않는 철학이 나를 올바른 길로 인도한다. 다른 사람의 기준을 적용하게 되면 원치 않는 길에 들어설 수 있다. 누가 뭐래도 내가 가는 길은 오롯이 나의 길이다.

몸에 맞는 옷을 입어라

아주 작은 선택 하나하나가 중요하지만, 그렇다고 선택을 할 때마다 고민하면서 공을 들일 필요는 없다. 작은 개미구멍이 둑을 무너뜨리는 경우도 있지만, 흘러가는 대로 그냥 내버려둬도 그만일 때도 많은 것이다. 지나치게 선택적인 사람이 되면 우유부단해 보일 수 있다. 그보다 큰 문제는 자칫 선택 노이로제에 걸릴 수 있고 선택을 위해 선택을 하는 선택의 노예가 될 수 있다는 점이다.

이는 미국의 종교학자 C. 엘리스를 비롯한 몇몇 학자들이 간파한 걱정의 실체와 비슷하다. 그들이 보통사람들의 걱정을 생각하고 분석해 보니 실제로 일어나지 않은 일에 대한 걱정이 40퍼센트, 지나간 일에 대한 걱정이 30퍼센트, 타인의 시선에 대한 걱정이 12퍼센트, 기타 등등에 대한 걱정이 10퍼센트, 건강에 대한 걱정이 8퍼센트, 자신의 힘으로는 도저히 해결할 수 없는 걱정이 4퍼센트였다. 따라서 실제로 걱정하고 해결해야 할 걱정은 4퍼센트에 불과하더라는 것이다.

무슨 수로 그토록 정확하게 걱정을 분석할 수 있었는지 의심스럽기도 하지만, 우리들 걱정의 대부분이 쓸데없는 것이라는 통찰은 대체로 맞는 것 같다. 그래서 '걱정도 팔자'라는 말이 생겨났을 것이다. 선택의 문제도 이와 다를 바 없는 듯하다. 수많은 선택의 순간이 있지만 정작 중요한 선택은 손에 꼽을 정도인지도 모른다.

아침의 선택 중에는 일찍 일어날 것인가, 아닌가가 중요하겠다. 아침형 인간이 될 것인가 올빼미형 인간이 될 것인가, 아니면 중간형이 될 것인가가 그 아침에 결정된다. 그리고 이 선택에 따라 그 하루뿐 아니라 인생 전체가 결정될 수도 있다.

일본의 사이쇼 히로시는 '아침형 인간'이 하루를 지배하고 인생을 다스릴 줄 알기 때문에 인생의 목표를 성취하는 사람이라고 강조한다. 미국의 철강왕 카네기도 '아침잠은 인생에서 가장 큰 지출'이라고 했다. 그러나 올빼미형 인간에게 그것은 엄청난 스트레스이다. 히로시의 이론은 일본뿐 아니라 국내에서도 상당한 파장을 일으켰다. 오랫동안 단련된 확신형 올빼미가 아니라 어쩌다 보니 올빼미가 된 사람들이 스스로를 아침형으로 바꿔보려다 괜히 고생만 하고 자신감까지 잃는 등 적잖이 낭패를 봤다.

어떤 선택이든 자신의 체질이나 기질, 전반적인 생활상을 감안해서 결정해야 한다. 그것이 시류를 타는 선택이라면 고려해야 할 게 더 많은 법이다. 아침형 인간이 되는 전제조건 중의 하나가 밤 10시 이전에 잠드는 것이다. 대한민국 성인으로선 채택하기 힘든 조건이다.

옳다 그르다를 떠나 아직도 우리 사회는 술을 포함한 저녁자리가 인간관계 형성에 큰 몫을 하고 있으며 직장 내의 처세에도 심대한 영향을 미친다. 개인주의 아니면 이기주의가 우리보다 훨씬 만연한 일본 사회와는 차원이 다르다. 아침형 인간이 되어 출세하려다 몸만 고생시킨 채 낙오자가 될 수도 있다.

'구르는 돌에는 이끼가 끼지 않는다'는 서양 속담의 두 가지 의미를 한번 새겨보자. 촐랭이처럼 사방을 헤매고 다니다보면 물고기들의 먹이가 되는 이끼가 붙지 않아 쓸모없는 돌이 된다는 것이 원래의 의미이다. 한 가지 일에 집중하지 않고 이것저것 건드리다 보면 돈이 모이지 않는다는 가르침이다. 한편으로는 구르고 또 구르면 지저분한 이끼가 낄 새가 없어 언제나 강돌 자체의 깨끗함을 유지할 수 있다는 해석도 가능할 것이다. 돌은 강물의 흐름에 모든 걸 맡겼을 뿐인데, 전자는 물고기의 입장에서 봤고 후자는 사람의 입장에서 봤기 때문에 생긴 차이라 하겠다.

선택이란 그런 것이다. 무엇보다 자신의 상황에 맞게 해야 한다. 그렇지 않으면 무엇보다 편안하지 않다. 편안하지 않으면 실천에 문제가 생기고, 실천이 제대로 되지 않으면 효율성이 크게 떨어진다.

배려하라

나의 선택이 무엇보다 중요하다. 내가 없으면 세상도 없다. 그러나 다른 사람이 없다면 나 역시 없다. 혼자 사는 세상이 아니다. 나의 선택이 대접을 받으려면 남의 선택도 대접해야 한다.

배려는 상대를 먼저 살피는 마음이다. 똑같이 뭘 주더라도 내게 남은 것을 주는 것은 배려가 아니다. 상대가 원하는 것을 주는 것이 배려다. 배려는 사람의 기본이다. 서로 기대어 있는 사람 인人이 바로 배려이다. 그래서 함께 가는 길이다. 빠르진 않아도 멀리, 오래 갈 수 있다. 배려는 사실 선택이 아니다. 공존의 원칙이다. 남을, 다른 것을 고려하지 않은 선택은 언젠가는 자기를 향하는 비수가 된다.

자신을 버린 고다이바 부인의 선택과 그의 선택을 커튼으로 포장한 주민들의 선택은 아름다운 배려다. 고다이바 부인은 영주인 남편의 제의가 터무니없다는 걸 알았다. 실오라기 하나 걸치지 않은 알몸으로 말을 타고 마을을 한 바퀴 돌라는 것은 결국 세금을 깎아주라는 그녀의 청을 들어주지 않겠다는 뜻이었다. 하지만 그녀는 백성들의 편안한 삶을 위해 창피함을 선택했다.

그러나 부인이 발가벗은 몸으로 말을 타고 돌던 날 마을은 정적 속에 싸였다. 모든 집의 창문은 밖을 볼 수 없게 커튼이 쳐져 있었다.

백성들은 밖을 보지 않음으로써 고다이바 부인의 아름다운 행진을 지켜주었다. 치렁거리는 머리카락을 늘어뜨리고 붉은 안장의 백마에 올라 탄 눈부신 나신의 여인. 영국 화가 존 콜리어의 〈고다이바 부인〉이 요염한 누드가 아닌 건 그 그림을 가득 채우고 있는 배려의 힘이다.

다르게 생각하라

다름을 두려워하지 말아야 한다. 비슷한 능력으로 성공하기 위해선 당연히 달라야 한다. 생각이 다르지 않으면 결과 역시 다르지 않다. 다른 생각, 다른 눈으로 선택하면 출발부터 차이가 나게 되고, 그러면 다른 골인지점에 닿을 수 있다.

내가 가지 않은 길, 남이 가지 않는 길, 가기 힘든 좁은 길이 더 큰 지혜일 수 있다. 가는 길이 힘들면서도 상대적으로 편안하다. 경쟁자가 그만큼 줄어들었기 때문이다. 소위 블루오션이 될 수 있다. 다름에서 출발한 좋은 기획은 성공확률도 높고 추진과정도 힘들지 않다.

김봉미는 20여 년 애지중지했던 피아노에 대한 미련을 접었다. 음악가인 아버지의 영향으로 어릴 적부터 두드린 건반이었다. 대학을 졸업하고 러시아를 거쳐 독일에서 한참 공부할 때까지만 해도 피아노는 변함없는 친구였고 목표였다. 독일의 노교수는 그를 유난히 아꼈다. 그의 피아노에서 큰 가능성을 발견했고 동양여성이 치열한 경쟁을 뚫고 제자로 들어오는 것이 여간 힘들지 않음을 알았기에 각별히 정을 쏟았다. 때문에 노교수는 김봉미가 지휘자의 길을 가겠다고 하자 노발대발했다. 피아니스트로서의 가능성, 여성지휘자의 어려움을 차근차근 설명하며 잘못된 선택임을 강조했다.

그러나 김봉미는 즐겁게 험로를 걷기로 결심했다. 여성을 반기지 않는 음악계의 보수성, 지휘의 길이 쉽지 않다는 것을 익히 알지만 그래서 더 하고 싶었고, 해야겠다고 마음먹었다. 피아노와 연결되긴 했지만 그래도 새로운 세계는 힘들었다. 남편과 아이와 떨어져 독일에서 5년은 더 있어야 하는 괴로움도 컸다. 마침내 김봉미는 여성으로선 처음으로 헝가리 국제 마에스트로 콩쿠르에서 입상, 두각을 나타냈다.

여전히 여성지휘자가 뛸 수 있는 국내외 토양은 척박하지만 김봉미는 그때의 '괴로운 선택'을 자랑스러워한다. 아무 생각 없이 피아노를 계속 쳤다면 훨씬 편안했겠지만 지금처럼 새로운 길을 뚫고 나가는 재미는 모르고 살았을 것이다.

실패를 두려워 마라

생각만 하고 도전하지 않으면 언제나 제자리다. 생각은 생각으로 그친다. 도전하지 않으면 실패도 없지만 한 것이 없으니 얻는 것도 없다. 실패를 하지 않았다는 것은 대체로 아무것도 하지 않았다는 것이니 결국은 거지 신세가 되고 만다.

도전과 실패는 바늘과 실처럼 따라 다닌다. 실패는 도전이 있어야 비로소 나온다. 성공 역시 도전이 있어야 가능하다. 그러므로 실패를 두려워하는 것은 성공을 두려워하는 것과 같은 것이다. 실패가 두려워 도전하지 않는 것은 성공이 두려워 도전하지 않는 것과 마찬가지다.

김병만은 어느 날 무작정 상경했다. 고등학교를 졸업하고 다니던 아파트 설비업체를 그만둔 다음 날이었다. 수중에는 돈 30만 원과 연기학원 광고가 실린 신문지 한 조각. 코미디언이 되고자 했다. 까짓것, 못할 것도 없지 않은가. 나보다 못했던 친구 녀석도 하는데.

하지만 꿈은 꿈일 뿐 현실은 멀고 험했다. 돈 받고 가르치는 연기학원 원장마저 비관적이었다. 키가 작아 방송은 좀 그러니 연극을 해보라고 했다. 극단에서 연습생으로 지내는 한편 생활을 위해 이것저것 닥치는 대로 일하면서 개그맨 시험을 쳤다. 한 번, 두 번, 세 번. 번번이 낙방이었다. 그래도 매달렸다. 네 번, 다섯 번, 여섯 번, 일곱 번. 그놈의 무대 울렁증 때문에 제대로 보여주지도 못하고 떨어진 게 더 억울했다.

어느새 5년의 세월이 훌쩍 지나갔다. 죽고 싶을 때도 있었지만 낙방은 그의 의지를 더욱 불태웠다. 반드시 들어가고 만다. 여덟 번 만에 붙었다. 긴 가뭄 끝 단비였지만 그때뿐이었다. 무명시절. 후배가 추월하기도 했지만 실패에 이력이 난 김병만은 포기하지 않았다. 그리고 '달인'으로 우뚝 섰다. '16년간 그 한 가지로만 산' 달인은 김병만이 아니면 할 수 없는 새로운 아이콘이었다.

야구선수는 열 번에 세 번만 안타를 쳐도 좋은 선수다. 적어도 일곱 번은 실패하는 3할 타율이 타자에겐 꿈이다. 앞의 타석에서 안타를 못 쳤다고 겁내면 이번 타석에서도 안타를 치지 못한다. 지나간 실패는 금방 잊어버리고 새로운 열정으로 덤벼야 한다.

모호성 스포츠인 축구의 경우는 더하다. 실패는 당연한 명제다. 2002 한·일 월드컵에서 브라질의 호나우두는 여덟 골을 넣고 득점왕이 되었다. 최근 다섯 차례 월드컵에서 가장 많은 골이다. 앞뒤의 4개 대회에선 여섯 골이 최다였다. 20여 일간 쉬어가면서 총 7백여 분을 뛴 결과다. 축구 분야에선 톱11에 드는 뛰어난 선수들임에도 그렇다.

경제적 효율성을 따지면 투자할 가치가 전혀 없다. 골을 넣으라고 갖다 바치는 페널티킥도 실수한다. 2010 남아공 월드컵의 페널티킥 실패율은 무려 40퍼센트였다. 관중의 입장에서 보면 못 넣을 리 없을 것 같은데도 열다섯 번 중 여섯 번이나 실패했다. 너무도 쉬운 것을 실패했는데도 그들은 여전히 그라운드를 누비며 엄청난 돈을 끌어 모으고 있다. 페널티킥에서 실수했다고 해서 축구선수의 수명이 단축되는 경우도 없고 다음에 또 실축하지도 않는다. 그들이 만약 두려움을 가지고 있다면 축구스타의 길을 접어야 한다.

두려운 감정은 두려워할 게 없다. 두려움은 실패에 대한 지레걱정일 뿐이다. 실제로 일어날 확률이 높을 수도 있지만 두려움을 떨치고 나면 많은 경우 두려움은 두려움으로 끝난다.

쪽팔리는 선택은 하지 마라

조금만 비겁하면 편안할 수 있다. 당당한가를 묻지 않는다면 아무래도 좋다. 한쪽 눈만 슬쩍 감으면, 한쪽 귀만 슬쩍 닫으면 되는 일이다. 실제로 그렇게들 산다. 대개 한번쯤은 경험이 있을 듯하다.

누가 옆에서 지켜본 것도 아니고, 또 본다고 한들 충고를 하지도 않는다. 그것이 대세일 수도 있기 때문이다. 그러니 그냥 넘어간다고 한들 문제가 되지는 않는다. 하지만 자신은 안다. 다른 사람은 다 속여도 자신까지 속일 수는 없다. 두고두고 후회할지도 모른다는 걸 자신은 안다. 조금만 비겁하면 몸은 편할 수 있지만 마음은 불편함 속에 살게 된다. 잊고 있다가도 불현듯 머리에 떠오르기도 한다.

사소한 일에서부터 큰일에 이르기까지 선택을 필요로 하는 일은 무수히 많다. 잠깐의 기쁨과 영광을 선택할 수도 있다. 그러나 한번 부끄러운 일은 두고두고 부끄러운 일이 된다. 쪽팔리는 선택이라도 결과가 좋으면 그나마 위안이라도 되겠지만, 쪽은 쪽대로 팔고 원하는 것을 얻지 못하는 경우는 문제가 심각하다. 쪽팔려서 얻은 승리라는 것도 결국은 실패로 끝난다.

비난은 짧고 기록은 영원하다고 했던가. 하지만 비난 속에서 이루어진 당당하지 못한 기록은 나중에까지도 비난의 기록으로 기억될 뿐이다. 짧은 한때의 기쁨을 위해 영원히 쪽팔리는 선택은 하지 말아야 한다. 선택은 반드시 기록에 남는 자신의 얼굴이고 이름이다.

5장

선택을 성공으로 이끄는 실행전략

"어떤 선택이든 일단 결정했으면 다음 단계는 자신의 선택을 성공으로 이끄는 일이다. 처음부터 강하게 밀어붙여야 할 경우도 있고 때를 보며 서서히 진행해야 할 경우도 있다. 어떤 경우든 나름의 전략이 필요하다."

선택을 성공으로 이끄는 실행전략

어떤 선택이든 일단 결정했으면 다음 단계는 자신의 선택을 성공으로 이끄는 일이다. 처음부터 강하게 밀어붙여야 할 경우도 있고 때를 보며 서서히 진행해야 할 경우도 있다. 어떤 경우든 집중하고 노력해야 하겠지만 나름의 전략이 필요하다.

같은 선생에 같은 책을 가지고 같은 시간을 공부해도 성적은 같지 않다. 똑같은 룰에 따라 공평하게 주고받는 스포츠에서도 항상 승자와 패자가 갈린다. 왜 똑같은데 왜 항상 다른가. 이유는 반드시 있다. 사람에 따라 다르고 일에 쏟는 열정이 다르고 의지가 다르고 준비과정이 다르기 때문이다. IQ가 떨어진다면 더 많은 시간 공부해야 한다. 집중도도 살펴봐야 한다. 타고난 재능, 이미 갖춘 실력이 모자란다면 더 갈고 닦아야 한다. 그 어떤 경우라도 전략이 필요하다.

자신의 현재 능력, 위치, 절실함 등을 고려하고 지금 처한 상황과 다가올 상황을 예측하면서 적절한 계획을 세워야 한다. 전략 없이 움직이는 것은 배도 없이 강물에 뛰어드는 것과 같다.

이루어야 할 꿈을 잊지 마라

살다보면 고비는 늘 있다. 야트막한 1시간짜리 동네 뒷산에도 고갯길이 있는데 수십 년 인생길이 어찌 평탄할 수만 있겠는가. 걸음걸음 다 힘든 능선이 이어지고 또 이어진다. 멀리서 보면 아름답기 그지없지만 막상 가자고 하면 예사롭지 않은 고비가 끝없이 나타난다. 그래서 인생은 고해苦海인가 싶지만 '똥밭에 뒹굴어도 이승'이라고, 살면 다 살아지고 사는 재미도 쏠쏠하다.

고갯길 넘기가 정 힘들면 좀 쉬어가도 되고 빙 돌아 숨 가쁘지 않은 옆길로 천천히 가면 될 일이다. 마라톤이야 순위도 따지고 기록도 보지만 인생길은 순위가 없지 않은가. 꼭 무엇인가가 되지 않아도 사랑하고 감사하며, 좋아하는 사람들과 하루하루 즐겁게 어울릴 수 있으면 족한 일이다.

공자가 거문고를 타면서 흥겹게 노래하는 영계기榮啓期에게 무엇이 그리 즐거우냐고 물었다. 영계기는 대답했다.

"하늘 아래 만물 중 귀하디귀한 사람으로 태어나서 즐겁고, 남자라서 즐겁고, 햇빛도 못 보고 죽는 사람도 있는데 아흔까지 살았으니 무엇이 못마땅해 마음을 괴롭히겠습니까?"

배우고 때로 익히는 것, 벗이 멀리서 찾아오는 것, 남이 나를 알아주지 않아도 성내지 않는 군자가 된 것 등을 꼽은 공자의 인생삼락人生三樂보다 더 유유자적하다.

조선 중기의 문인이며 정치가인 신흠의 인생삼락도 썩 좋다.

"문 닫으면 마음에 드는 책을 읽고, 문 열면 마음에 맞는 손을 맞이하고, 문 나서면 마음에 드는 산천경계를 찾는다."

자질구레한 삶에 얽매이지 않는 자유인의 체취가 물씬 느껴지지만 절로 오는 것은 아니다. 고비를 넘고 넘어 능선에 올라야 맘껏 맛볼 수 있는 느긋함이다. 그들 역시 젊어 한때 고민하고 번민하고 분노하고 미워하고 슬퍼하면서 고갯길을 더듬은 후 일가를 이루었다. 멀리서 보기엔 평탄하게 산 것처럼 보이는 사람들도 다 나름의 열병을 앓았다. 비 온 뒤에 땅이 굳듯 지독하게 아픈 뒤에 성숙했다.

인생에는 '거저'라는 게 없다. 한 번뿐인 삶이니 치열하게 살아볼 가치가 있다. 고비를 넘고 한숨 쉬려고 하면 언제나 마주치게 되는 가장 긴요한 아슬아슬한 순간의 고빗사위. 당연히 힘들다. 하지만 '견딜 수 없는 그 고통'을 이겨내지 못하고 주저앉으면 삶에서 가장 황홀한 희열과 상쾌함을 맛볼 수 없다.

고비 바로 뒤에 잔뜩 웅크리며 숨어있는 짜릿한 쾌감. 딱 한 걸음만 더 옮기면 만날 수 있다. 반드시 이루어야 할 꿈임을 잊지 말고 열정으로, 끈기로 견디고 버티면 그렇게 어렵지도 않다. 고비는 있고 누구나 한 두 번은 무너지고 넘어지지만 넘어질 때마다 다시 일어서서 넘다보면 그 고비도 힘이 된다.

강한 내면의 동기가 고비를 버티는 힘이 된다. 힘들 때마다 자신이 이루고 싶었던 꿈을 되살리며 스스로에게 힘을 주어야 한다. 꿈과 함께 했던 아름다운 추억을 떠올리고 곧 나타날 고비 뒤의 아름다운 모습을 상상하면 고통을 덜어낼 수 있다. 목표를 세우고 목표에 도달하기 위해 처음 시작했을 때의 그 열정을 상기하는 것이 힘이 된다.

메이저리그 최초의 아프리카계 선수 재키 로빈슨. 꿈의 힘으로 혹독한 인종차별을 이겨내고 명예의 전당에 입성했다. 백인 관중들의 야유와 욕설이 빗발쳤지만 꿈과 실력으로 극복했다. 그는 "더러워서 못해먹겠다"고 말하지 않았다. 백인의 무시를 관심으로 받아들였고 그것을 원동력으로 삼았다. 흑백의 장벽이 그에겐 꿈을 키우는 자산이었다.

생각했다고 다 되는 건 아니다. 과정에선 특히 더하다. 될지 안 될지는 아무도 알 수 없다. 그러나 그것이 이루어야 할 목표라면 또 다른 길의 유혹이 끌어당겨도 돌아보지 말자. 머지않아 후회하게 된다.

단순화하고 우선순위를 정하라

상황이 복잡할수록 거르는 작업이 필요하다. 단순화다. 그래야 길이 보인다. 이래도 좋고 저래도 괜찮은 상황일수록 단순화 작업을 거쳐야 한다. 선택할 길이 많다는 것은 쓸데없는 일을 많이 해야 한다는 이야기다.

실험결과도 다르지 않다. 학생들을 A, B의 두 집단으로 나눴다. A집단 학생에게는 6가지 주제, B집단 학생에게는 30가지 주제를 제시한 후 논문을 제출하면 가산점을 주기로 했다. 결과는 B집단보다 A집단이 논문을 더 많이 냈고 내용도 우수했다. 선택의 여지가 많으면 좋을 것 같지만 실험결과는 오히려 반대였다.

복잡한 것도 분해하면 단순한 여러 개에 지나지 않는다. 역으로 생각하면 단순함에 자꾸 덧칠을 한 것이 복잡함이다. 덧칠을 하나하나 벗겨내면 원래의 단순한 본질을 만날 수 있고 단순한 하나는 누구나 어렵지 않게 수행할 수 있다.

지금 이 순간 가장 중요한 것은 한 가지뿐이다. 막상 선택해도 뭘 먼저 해야 할지 잘 모를 때가 많다. 그러나 곰곰이 생각하면 반드시 우선순위는 있다.

라면 한 개를 끓이더라도 순서는 있다. 배가 몹시 고프다고 냄비에 물과 면을 동시에 넣고 끓인다면 필경 못 먹게 된다. 다시 시작하면 시간, 재료 등 여러 가지 면에서 손해다. 한번 잘못된 일을 바로 잡으려면 몇 배로 더 힘들다.

동시에 진행되는 듯하지만 크고 작은 모든 일에는 시차가 있고 시차에 따른 순서가 있다. 천리를 달리는 말이라도 열 걸음을 한 번에 내닫지 못하고 마루를 지나지 않고선 방에 들어갈 수 없다. 한걸음 한걸음이 차례대로 이어져 천리에 이른다. 순위를 정하고 한 단계 한 단계 나가다 보면 매우 어지러운 일도 어렵지 않게 끝에 이르게 된다.

다양하게 예측하라

길은 여러 갈래다. 가다 보면 또 다른 길을 만나기도 한다. 미리 예측하지 않으면 곤란한 일을 겪게 된다. 선택한 일을 시작하기 전에 나타날 수 있는 상황을 미리 예상하고 그에 맞는 대책을 세워야 일을 바르게 추진할 수 있다.

다양하게 예측한다 해도 반드시 그렇게 되는 것도 아니고 성공하는 것도 아니다. 그렇게 세밀하게 따지고 나름대로 정확한 판단을 내렸어도 또 다른 변수가 돌출할 수 있다. 혼자서 하는 것이 아니고 상대가 있기 때문이다. 그러나 그런 과정을 거치면 그만큼 실패할 확률을 줄일 수 있다.

바둑의 초보자는 기껏 한두 수 앞을 보지만 고수는 수십 수를 내다본다. 경우의 수를 많이 예측할수록 승률이 높다. 복기할 때 보면 시작할 때 이미 마지막을 예측하고 있는 고수도 있다. 카드도 예측의 게임이다. 운이 많이 작용하지만 운만으론 결코 승자가 될 수 없다. 드러난 패와 깔린 패를 보면서 확률을 예상하고 배팅을 한다.

보통사람들은 운칠기삼運七技三이라고 하지만 타짜들은 운삼기칠運三技七이라고 본다. 프로야구 SK 감독이었던 김성근을 야신野神이라고들 부른다. 그의 머릿속은 1회 말에 이미 5회 이상 가 있다. 다양한 예측의 힘이다. 다양한 상황에 대한 정확한 예측이 좋은 결과를 낳는다.

집중하라

한 가지 일을 할 때는 오로지 그것만 생각하는 게 좋다. 골똘히 생각하면 해답이 나오고 어떻게 일을 추진해야 하는지 절로 알게 된다. 집념을 가지고 집중하면 길이 없는 곳에서도 길을 찾을 수 있다.

집중의 효과는 여러 분야에서 입증되었다. 한 점을 뚫어지라고 응시하면 그 점이 대충 쏘아도 맞을 만큼 점점 커진다는 것이 좋은 성적을 낸 사격선수들의 이야기다. 야구공이 수박만 하게 보였다는 홈런타자의 말은 허풍이 아니다. 그건 대부분 한번쯤은 경험했을 것이다.

전성기 시절 이종범은 뛰기만 하면 도루에 성공했다. 그의 도루 비결은 '뛸 때는 그저 뛰기만 하는 것'이었다. 기회를 엿보다 일단 뛰면 머리는 다 비우고 다리만 사용했다. 생각하면 생각하는 만큼 다리가 덜 움직인다고 여겼다. 세월이 좀 지난 후 이종범은 도루 시도도 덜 했지만 성공률도 떨어졌다. 다리의 움직임이 전 같지 않다보니 뛰면서 생각을 많이 한 탓이었다. 아웃과 세이프는 간발의 차이. 뛰면서도 '아웃일까 세이프일까'를 걱정하는 바람에 그 간발의 시간을 생각하는 만큼 빼앗겨 아웃되는 경우가 많았다. 아웃과 세이프는 도착한 후 심판이 내리는 것. 도루하는 선수는 그냥 죽어라고 뛰면 되는데 한두 번 아웃되고 보니 그게 잘 안 되더라고 했다.

말이 안 되는 것 같지만 실제로 해 보면 말이 된다는 걸 알 수 있다. 무아지경에서 달리는 것과 걱정거리를 머릿속에서 굴리면서 뛰는 것과는 분명히 차이가 있다. 머릿속이 잡생각으로 가득 차 있으면 아무리 오랫동안 책상에 앉아 있어도 헛일인 것과 똑 같다. 몸이나 머리나 그 점에선 차이가 없다.

마리 퀴리는 뭐든지 시작하면 요지부동이었다. 한번은 그의 언니가 책을 보고 있는 퀴리의 의자 뒤에 물건을 잔득 쌓았다. 일어서다가 놀라는 걸 보고 싶었다. 하지만 언니는 제풀에 지쳐 결국 포기하고 말았다. 퀴리는 몇 시간 동안 꼼짝 않고 책만 보고 있었다. 퀴리 부인의 노벨상 수상 비결이다.

낙숫물 방울이 커다란 바위를 뚫는 것이고 안광眼光이 지배紙背를 철하는 이치라고 할 수 있다. 모르는 문장도 수백, 수천 번 읽으면 뜻을 알게 된다고 했듯이 집중의 힘은 불가능한 것을 가능케도 한다.

그러나 집중력에는 한계가 있다. 때문에 막판으로 갈수록 방심하게 된다. 긴장의 시간이 길어지면 긴장의 끈을 놓기 쉽다. 그 순간이 바로 다 된 밥에 콧물 떨어뜨리는 순간이고 그 한 순간의 방심 때문에 99퍼센트 진척된 일을 망치게 된다. 타이타닉호가 순식간에 침몰한 것도 방심의 산물이다. 갑판을 잇는 못 하나가 잘못된 것인데 이렇게 큰 배에서 그까짓 못하나 쯤이야 하며 소홀히 넘어간 탓이었다.

1퍼센트의 방심이 99퍼센트의 집중력을 무너뜨릴 수 있다. 천 길 둑도 작은 개미구멍 하나로 무너지는 것처럼. 42킬로미터를 1등으로 달린 마라톤 선수가 이제 됐다며 뒤를 돌아보다가 1등을 놓치는 것처럼.

경험을 활용하라

경험만큼 좋은 선생은 없다. 두세 번 겪은 일을 또 실패하지 않는 이유는 경험을 통해 방법을 터득한 덕분이다. 자신에게 경험이 없으면 먼저 간 사람들의 경험에서 대답을 구하면 된다. 성공한 사례는 따라하고 실패한 사례에서는 타산지석의 교훈을 배우면 된다.

사자와 나귀와 여우가 함께 사냥에 나서 풍성한 수확을 올렸다. 나귀가 똑같이 셋으로 나누고 사자에게 먼저 고르라고 했다. 화가 난 사자는 나귀를 잡아먹어버렸다. 사자는 여우에게 다시 나누라고 했다. 여우는 한곳에 커다란 더미를 만들고 다른 한쪽엔 고기 한 점만 떼어 놓고 사자에게 고르도록 했다. 기분이 좋아진 사자는 어디서 그렇게 훌륭한 '사냥감 나누는 법'을 배웠느냐고 여우에게 물었다.

"나귀의 불행을 보고 금방 배운 거죠."

경험은 무엇보다 큰 지혜이고 무기이다. 하루살이는 내일을 모르고 잠자리는 내년을 모른다. 경험이 없기 때문이다. 겪은 경험이 없다면 겨울의 끝에 봄이 있음을 알지 못하고 눈앞의 혹한에 절망해서 죽어갈지도 모른다. 일에 도움이 되는 경험이라면 나의 것, 선인의 것을 가릴 필요가 없다.

강점을 활용하라

사람은 모두 나름대로 잘하는 게 있다. 특화된 세상에선 한 가지 잘하는 것만 있어도 중요한 일을 할 수 있다. 모든 것을 대충 잘하는 것보다는 한 가지를 특별하게 잘하는 것이 대접받는 사회이다. 완벽하다면 더없이 좋겠지만 사람인 이상 그럴 수 없는 일이고 보면 자신만의 강점을 더욱 보강하는 것이 좋다.

얼마 전만 해도 박사는 모든 일에 모르는 게 없는 사람을 일컬었다. 하지만 지금은 어느 한 가지를 깊이 있게 아는 사람을 일컫는다. 시대의 변천에 따라 같은 말임에도 의미는 그렇게 달라졌다.

사업도 마찬가지다. 만물상식 경영으론 흐름을 좇을 수 없다. 라면을 정말 잘 끓이면 분식집 간판보다 라면전문집 간판을 내거는 게 낫다. 특화가 되면 창업비용 등 시작에서부터 여러 가지로 이익이다.

공격이 최상의 수비인 것과 같다. 약점을 보완하는 노력과 강점을 강화하는 노력을 함께 기울이면 강점을 강화하는 게 훨씬 더 효과가 높다. 영어는 잘하는데 수학은 못한다면 수학에 기울이는 노력을 차라리 영어에 쏟아 붓는 게 좋다. 미술이나 음악을 특히 잘하면 그 길로 가면 된다. 예체능의 경우 대학에서도 실기가 워낙 뛰어나면 수능이나 내신을 참고하지 않는다. 이처럼 찾아보면 누구나 한 가지 강점은 있다. 모두 80점을 맞는 것보다는 60점짜리가 몇 개 있더라도 한 가지를 100점 맞는 게 바람직하다. 100점짜리를 선택하면 후회하지 않는다.

멀티플레이어가 대접받았던 때가 있었고 아직 대접받는 곳도 있다. 하지만 갈수록 전문화하고 조직화하는 사회에선 프로가 되어야 한다. 멀티플레이어는 말만 그럴싸할 뿐 실리는 없다. 스포츠계가 처음 그 말을 썼을 땐 말 그대로 여기저기 쓸모가 많은 다목적용, 다용도용 선수를 의미했으나 지금은 오히려 후보의 의미가 짙다. 어느 포지션에서도 써먹을 순 있으나 정확하게 자기만의 자리는 없다. 부상 선수가 발생하면 즉시 투입할 수 있으니 감독으로선 없으면 안 되는 존재지만 정작 쓰임새가 많은 자신은 늘 떠돌이다. 소중한 선수라면서도 원래 주인이 돌아오면 바로 자리를 빼앗긴다. 선수 숫자가 변변찮은 아마추어 스포츠계라면 수명이 길수도 있지만 선수도 충분하고 조직도 탄탄한 프로에선 빛도 보지 못하고 단명하기 딱 좋다. 주전이 아니기 때문이다.

날다람쥐는 재주가 많다. 발발거리며 나무를 타다가 붕붕 날아 다른 나무로 날기도 한다. 헤엄도 곧잘 치고 땅도 팔 줄 알고 달리기도 빠르다. 재주가 다섯 가지나 되지만 날다람쥐는 언제나 궁한 편이고 그래서 늘 부산하다.

날기는 하지만 담을 넘지는 못하고 나무를 타지만 끝까지 오르지는 못하며, 헤엄을 치지만 계곡을 건너지는 못하고 땅을 파지만 자기 몸을 숨기지는 못하며, 잘 달리지만 몸이 작은 탓에 빠르진 않다. 날기는 새보다 못하고 땅파기는 두더지만 못한다. 가장 잘하는 것, 즉 특기가 없어서 삶이 힘든 것이다.

강점을 키우지 않으면 몸만 바쁠 뿐 생기는 게 없다. 8부 능선까지는 잘 가지만 마무리가 시원찮기 때문이다. 만년 조역에서 벗어나 주인공이 되려면 반드시 한 가지는 매우 잘 해야 한다. 지금은 전문지식으로 무장한 프로들의 시대다.

사소한 것에 목숨 걸지 마라

우리는 늘 사소한 것에 목숨을 건다. 진짜 큰일은 어쩌지 못한다. 가령 중동에서 전쟁이 일어났거나 일본에서 대지진이 일어났거나 미국에서 큰불이 일어났거나 했을 때 할 수 있는 일은 하나도 없다. 그저 지켜보는 것 외에 달리 방법이 없다.

그러나 주변에서 일어나는 사소한 일은 그것이 비록 작은 일이라도 우리 자신과 관계가 있고 그로 인해 스트레스를 받을 수 있으며 마음만 먹으면 바로 잡을 수 있으니 목숨까지는 아니더라도 신경을 전혀 안 쓸 수 없다. 산에 걸려 넘어지는 경우는 없지만 작은 돌부리에 걸려 넘어지는 경우는 허다하니 왜 안 그렇겠는가.

언젠가 TV에서 생활 속에서 정말 짜증나는 일에 대해 시민들에게 물어보는 프로그램을 방영한 적이 있었다. 많은 사람들이 이야기한 두 가지는 정말 사소한 것이었지만 절로 공감이 가는 것이기도 했다.

배고파서 라면을 한 개 끓였는데 한입만 먹자며 젓가락 들고 덤비는 것, 그리고 내 차 앞으로 느닷없이 끼어들면서 손을 창문 밖으로 내밀고 마구 휘젓는 것이었다.

아무래도 거들 것 같아서 라면을 끓이기 전 두세 번 확인할 땐 절대로 안 먹는다더니 막상 끓여놓으면 냄비를 식탁에 채 놓기도 전에 젓가락 들고 앉으면 정말 짜증난다. 더욱이 한 젓가락만 한다고 해놓곤 한 번에 면을 절반이나 건져내면 배고파서 라면을 끓인 입장에선 때려죽이고 싶을 정도로 얄밉다. 말이나 말면 덜 미울 텐데 배는 고프지 않지만 냄새가 구수해서 조금만 먹는다고 덧붙이면 이건 불난 집에 부채질하는 격이다. 문제는 그까짓 일로 화를 낼 수 없다는 것인데 꾹 참다가 대수롭잖게 대꾸하면 그만 싸움이 되고 만다.

갑자기 끼어드는 것도 기분 나쁜데 손을 휘휘 저으며 막는 시늉을 하는 건 도대체 뭔가. 미안하다는 표시는 절대 아닌 것 같고 까불지 말고 비키라는 뜻이라면 두 번 화나는 일이다.

화나는 일이 맞지만 화를 내봤자 속이 시원해지는 일도 아니다. 라면 한 번 더 끓여봤자 10분이고 늦은 밤 라면이 몸에 좋을 리 없는데 절반(사실은 절대 절반이 아니다)을 건져갔으니 고마운 일로 여길 수도 있다. 어지간히 급하거나 운전을 잘 못하는 사람한테 좋은 일 했다고 생각하면 찡그리는 대신 웃을 수도 있는 일이다.

사소한 것에 대한 스트레스는 마음을 달리 먹지 않는 한 풀 길이 마땅찮다는 게 큰 문제다. 그 작은 스트레스는 당장은 정신건강을 해치고 모이고 또 모이면 육체적인 건강까지 해친다. 라면 정도로는 그렇지 않겠지만 화나는 게 계속되면 울화병이 되고 그게 바로 현대의학에서 이야기하는 암이다. 베스트셀러 작가인 미국의 웨인 다이어는 말한다.

"조화롭게 사는 데는 두 가지 규칙이 있다. 첫째, 사소한 것에 연연하지 마라. 둘째, 모든 것은 다 사소하다."

긍정의 힘을 믿어라

긍정의 힘은 대단하다. 자기계발서에 빠지지 않는 주제이고 성공한 많은 사람들이 한결같이 권하는 자세이다. 할 수 있다, 하면 된다는 생각을 끊임없이 자신에게 주입, 세뇌시킴으로써 성공에 이른다는 논지다. 틀리지 않다. 실제로 긍정은 긍정을 낳고 부정은 부정을 낳는다.

하지만 무조건적인 긍정은 긍정이 아니다. 자신의 바람을 교묘하게 섞어 넣어 현실을 교란하는 행위다. 무조건적인 부정도 부정이 아니다. 논리적이고 과학적으로 분석하여 되고 안 되고를 판단할 일이다.

아무리 긍정의 힘이 강해도 안 되는 건 안 된다. 그러나 할 수 있다는 생각을 가지고 과정에서 나타나는 모든 일에 적극적이고 공세적으로 대처하여 반드시 풀어내겠다고 덤비면 가능성은 훨씬 높아진다. 해봤자 안 될 일에 왜 헛힘을 쓰고 있지, 하는 생각으로 대충대충 하는 것과는 당연히 차이가 있다.

긍정적인 사람은 해야 하는 일의 긍정적인 측면을 우선 보지만 부정적인 사람은 부정적인 측면만 본다. 일을 처음 대할 때부터 다른데 확률이 비슷한 10가지의 일을 추진하면 플러스마이너스 3 정도가 작용, 긍정적인 사람은 7~8가지를 성공시킬 수 있지만 부정적인 사람은 2~3개가 고작이다. 똑같이 5에서 출발하지만 긍정적인 사람은 3을 보탤 수 있고 부정적인 사람은 3을 빼게 되므로 결국 6의 차이가 난다.

긍정과 부정은 자기최면이다. 안 된다고 생각하면 안 되고, 된다고 생각한 일은 실제로 됨을 누구나 한번쯤 경험했을 것이다. 과연 긍정과 부정이 생각만으로도 그렇게 된 것일까. 그렇지는 않다. 생각보다는 자세와 태도다. 안 된다고 생각한 사람은 노력을 하지 않는다. 어차피 안 될 일에 왜 힘을 써야 하는가 하며 대충 하니 될 일도 안 된다. 하면 된다, 할 수 있다고 생각한 긍정형은 일이 되게끔 온 힘을 다 쏟는다. 결과는 당연히 생각한 대로 나온다.

긍정적인 생각과 자세는 열정과 창조력을 끌어 모은다. 그렇게 되면 자기 수준에선 무서울 게 없다. 원하는 인생을 살 수 있다. 오늘 이 시간은 평생 다시 오지 않는다는 것은 다 아는 일이다. 그런데도 시간이 흘러가도록 그냥 내버려둔다. 세상을 움직이는 건 내가 아니지만 나를 움직이고 나의 인생을 결정짓는 것은 순전히 나다. 하루를 살아도 만족할 수 있는 감사의 마음과 긍정의 마음이면 그것으로 족하지 않겠는가.

긍정적인 마음을 가져보면 정말 많은 것을 챙길 수 있다. 어려울 때 고비를 넘기는 것은 둘째고 우선 몸과 마음의 평화를 이룰 수 있다. 노력도 하지 않고 모든 걸 그냥 하늘에 맡기는 것이나, 좋은 게 좋다는 것과는 다르다. 긍정의 힘은 만들어나가는 것이고 그 시간이 오래 되면 긍정적인 사람이 되고 일단 긍정적인 사람이 되면 많은 고비가 사라진다.

'할 수 있다. 잘 할 수 있다고 결심하라. 그러고 나서 방법을 찾아라.'

긍정의 힘을 제대로 발휘할 수 있게 하는 링컨의 말이다.

결과를 확신하고 밀어붙여라

시작할 때 결과를 예측하고 할 수 있다고 믿어야 한다. 할 수 있다고 믿으므로 할 수 있는 것이다. 걱정은 약한 자의 것이고 대부분 필요도 없고 쓸데도 없다. 나타날 수 있는 변수를 예상하고 대비책을 세우는 것과는 다르다. 걱정은 걱정으로 끝나는 소모성 패인일 뿐이다.

결과를 확신하면 에너지를 한껏 모을 수 있다. 결과를 믿지 못하면 산만해지고 힘이 분산된다. 한 가지 힘으로 밀어 붙이는 것과 망설이고 걱정하면서 우물쭈물하는 것은 분명 다른 결과를 낳는다. 할 수 있다는 자기최면은 확실히 효과가 있다.

무대에 오르는 초보라도 확신을 가지면 성공적인 무대를 만들 수 있다. 칠 수 있다는 확신을 가지고 9회말 2사 만루에서 선 타자와 걱정하며 마지못해 선 타자가 친 공은 궤적의 차원이 다르다. 확신을 가지고 골문을 향해 날린 축구공이 골문 안으로 들어갈 확률이 훨씬 높다. 짧은 순간이지만 믿고 찬 공은 대부분 들어갔다는 것이 골잡이들의 증언이다. 확신은 성공을 낳는다.

배짱을 부려라

깡이 있어야 한다. 안 될 때 안 되더라도 일단 밀어붙이고 보는 게 깡이고 배짱이다. 무모하게 보일 수도 있고 실제로 무모하기도 하다. 하지만 100퍼센트 확실한 일은 없다. 때로는 10퍼센트의 가능성 밖에 없던 것이 성사되기도 하고 90퍼센트의 가능성을 보고 시작한 일이 막판에 어그러지기도 한다. 공은 둥글고 승부는 끝날 때까지 아무도 모른다는 축구의 불확실성 이론이 현장에서 의외로 많이 맞아 떨어진다.

깡으로 한다는 건 지레 겁먹거나 주눅 들지 않겠다는 것. 악착같이 버티면서 밀고 나가는 것인데, 덩치도 작고 힘도 약한 사람이 보다 강한 사람과 싸워 이기는 비결 중의 하나다. 이글거리는 깡다구를 보면서 기가 질려 전의를 상실해서 어이없는 패배를 자초하는 것이다.

1년도 안 되는 짧은 준비로 5년여 준비한 일본을 꺾고 서울올림픽을 유치한 이면에도 이러한 깡이 발동했다. 다만 마구잡이 깡다구를 부려도 나름의 전략은 있어야 한다. 다른 사람이 보기에 무모한 것이지 일을 성공시키거나 경쟁에서 이길 수 있는 비법 한 가지는 지니고 있어야 한다. 그렇지 않으면 하룻강아지가 호랑이에게 덤비는 것과 같다.

상유십이 순신불사尙有十二 舜臣不死. 선조는 이순신에게 수군을 포기하고 육군에 합류하라는 교지를 내렸다. 하지만 이순신은 감히 말했다. 아직도 12척의 배가 남아있고 이순신도 죽지 않았다고. 12척으로 왜군의 133척을 상대하겠다는 이순신의 이 어마어마한 배짱. 간신배들은 다시 한 번 들고 일어났다. 무모함의 극치. 누가 봐도 당연한 지적이었지만 이순신의 턱없는 배짱은 소인배들의 대책 없는 호언장담이 아니었다. 그의 머릿속에는 벌써 승리의 그림이 그려져 있었다.

심리전. 병사들은 12척의 배로 싸워 이기겠다는 이순신의 배짱과 자신감을 믿었다. 무패전승의 이순신이 아닌가. 병사들은 두려움 속에서도 스스로를 독려하며 '살고자 하면 죽을 것이고 죽고자 하면 살 것'이라는 이순신의 결의에 빠져 들어갔다.

승리의 전략. 적이 원하는 시간에 싸우지 않는다. 적이 원하는 장소에서 싸우지 않는다. 적이 생각하지 못한 방법으로 싸운다. 병법에서 이야기하는 승리의 세 가지 원칙이다. 이순신은 내가 원하는 시간과 장소에서 적들이 생각하지 못한 방법으로 왜군을 대파했다. 이틀 전부터 모든 사항을 점검하며 준비한 이순신은 격류의 울돌목에서 왜군을 기다렸다. 왜군은 밀물을 타고 오전 11시쯤 울돌목에 도달했다. 이순신은 시간을 벌어야 했다. 1시간 이상 밀고 당기기를 하다 물길이 잠시 머무는 12시 30분쯤 전열을 재정비한 후 밀물이 썰물로 바뀐

오후 1시쯤 총공격을 시작했다. 울돌목의 급한 소용돌이에 이미 반쯤 진 왜군은 이순신의 총통과 화살 공세에 혼비백산, 꽁무니를 보이며 도망가고 말았다.

이길 수도 있었으나 반드시 이기는 싸움은 아니었다. 배짱이 없었다면 울돌목의 대승은 없었다. 배짱과 깡은 힘들 때일수록 더욱 필요하다.

버티는 힘을 키워라

끈기는 대단한 가치다. 영리하지 않아도 능력이 없어도 버티는 힘이 있으면 이루지 못할 게 없다. 정 고생스러우면 마지막이라고 생각하고 한 발짝만 더 나가면 된다. 딱 한 발짝이다. 매서운 겨울 추위를 버텨야 화려한 봄을 맞이할 수 있다. 터널이 아무리 길고 어두워도 꾹 참고 가다보면 밝은 빛을 볼 수 있다. 인디언이 기우제를 지내면 반드시 비가 온다고 한다. 신통력이 있어서일까? 아니다. 비가 올 때까지 끈질기게 기우제를 지내기 때문이다.

잦은 패전에 지친 어느 장군이 양지 바른 곳에서 몸과 마음을 추스르고 있었다. 그때 그의 눈에 한 마리의 개미가 들어왔다. 보리 한 알을 문 개미는 담벼락을 향하고 있었다. 설마 담을 오르려는 것인가, 자기 몸보다 큰 걸 물고 어떻게 오를 수 있지. 장군은 개미의 하는 양을 뚫어지게 보았다. 개미는 떨어지고 또 떨어졌다. 수없이 떨어졌지만 그래도 또 올랐다. 예순아홉 번, 하지만 개미는 일흔 번째 기어코 담을 올라갔다. 장군은 용기를 회복했고 영웅이 되었다.

김규환은 열다섯에 고아가 된 후 거지처럼 떠돌다 스무 살이 넘어 대우중공업 사환으로 들어갔다. 매일 새벽 5시에 출근하는 그를 발견하고 사장이 왜 그렇게 일찍 나오느냐고 물었다. 기계의 워밍업을 위해서라고 했다. 다음 날 그는 정식 기능공이 되었다. 이후에도 계속 5시에 출근한 끝에 반장이 되었고 명장의 반열에 올랐다.

초등학교 학력뿐인 김규환. 때문에 시험에 붙는 것이 쉽지 않았다. 국가기술자격 학과시험 아홉 번 불합격, 1급 국가기술자격시험 여섯 번 불합격, 운전면허시험 아홉 번 불합격. 사람들은 그를 '쇠대가리'라고 놀렸다. 그러나 지금 그는 1급자격증 최다 보유자이고 5개 국어를 할 수 있다. 그의 인생에 일관되게 흐르는 끈기. 불가능은 없었다.

『아웃라이어』의 저자 말콤 글래드웰은 10년간 매일 하루 3시간을 투자하면 전문가가 되고 성공한다고 했다. 이른바 '1만 시간의 법칙'

이라는 것인데 우리 선현들도 누구든 10년만 공을 들이면 못할 게 없다고 했다. 10년을 하루같이. 바라보면 아득하지만 지나고 보면 긴 시간도 아니다.

시지프스는 산 위로 돌을 굴려 올리기를 영원히 되풀이해야 한다. 그러나 우리 인생은 좌절이 있지만 끝도 있으니 그래도 행복하다.

유혹을 멀리 하라

유혹은 달콤하다. 당연히 넘어가기 쉽다. 유혹은 재미있다. 당연히 그쪽 길로 가게 된다. 달콤하고 재미있는 데다 넘어가면 편안하고 좋으니 유혹을 떨치기가 힘들다. 성인군자들도 유혹을 떨치지 못해 젊은 시절 방황한 적 있으니 보통사람들이야 오죽하겠는가.

하지만 문제는 달콤함의 시효가 짧다는 점이다. 한순간에 지나지 않은 터에 조금 길다고 해봤자 그 끝이 매우 쓰다. 단 맛은 또 중독성이 심해 한번 맛을 보고나면 빠져나오기가 보통 어려운 게 아니다. 돌다리도 두들겨본 후 건너던 소심쟁이 여우가 덫에 걸려 죽은 것도 한 방울의 꿀맛을 본 다음 거기에 점점 깊이 빠져들었기 때문이었다.

유혹은 시시때때로 찾아온다. 알게 모르게 다가온다. 더러는 그것이 유혹인지 아니지 모를 때도 있다. 정체가 교묘하기도 하지만 몸의 편안함, 마음의 욕심이 마치 유혹을 유혹이 아닌 것으로 둔갑시켜 받아들이는 탓이다.

유혹과의 싸움은 자신과의 싸움이다. 싸움 중에 가장 힘든 싸움이다. 자신의 마음속에 승과 패의 두 카드를 모두 숨겨 가지고 있기 때문이다. 지고 싶을 땐 져도 되는 이유를 금방 찾아낼 수 있고, 힘들면 쉬어 가도 되는 이유를 역시 바로 찾아낼 수 있다. 언제나 끄집어내기만 하면 되니 뒤집기가 여반장이고 작심삼일이 다반사일 수밖에 없다.

실제로 작심삼일은 과학적으로도 입증된 바 있다. 우리 인체에는 방어 호르몬이라는 게 있다는 데 시효가 딱 72시간이라고 한다. 그러니 3일이 지나면 흐지부지 되고 모처럼 마음먹은 결심도 물에 물 탄 듯 술에 술 탄 듯 되어버린다. 이기는 방법은 3일에 한 번씩 마음을 다잡는 것. 어려울 것 없지 않은가.

일부 프로축구 선수가 승부조작에 가담한 사건이 발생했다. 돈을 받고 지고이기는 상황을 고의적으로 연출한 것. 프로선수 정도 되면 전혀 표시나지 않게 승부를 조작할 수 있다. 축구무대에서 20여 년, 연기력이 이미 물오를 대로 오른 상태이다. 멋진 장면을 연출, 관중들의 박수를 받으면서 가짜 플레이를 할 수 있다.

그들은 연봉이 적지 않음에도 왜 승부조작의 유혹에 빠진 것일까.

욕심이고 요행심이다. 돈이란 가질수록 더 가지고 싶고 나쁜 일에 탕진할 때는 쓸수록 더 쓰고 싶다. 그리고 은밀한 거래여서 절대 걸릴 리 없다는 꼬임에 넘어간 탓이다. 설마 하는 요행심인데 꼬리가 길면 반드시 잡히고 절대로 공짜는 없는 게 세상사이다.

승부조작으로 재미를 보고자 한 브로커들은 문제가 된 선수들뿐 아니라 광범위하게 접촉했다. 더 많은 선수들이 단칼에 그들의 유혹을 뿌리쳤다. 발 한 번 삐끗으면 되는 간단한 일을 거부할 수 있었던 것은 그렇게 하면 안 된다는 평소의 가치관과 신념 덕분이었다. 순간의 잘못된 선택으로 평생을 망치게 된 그들. 유혹은 그렇게 치명적이다.

헤라클레스가 키타론 산에서 소떼를 돌보고 있었다. 6척의 천하장사로 성장한 그는 어느 날 앞날을 생각하며 깊은 상념에 빠졌다. 그때 쾌락이 아름다운 여자의 모습으로 변장하고 헤라클레스를 찾아왔다. 그녀는 한 손에는 향락, 한 손에는 안락을 들고 헤라클레스를 유혹했다. 미덕이라는 여인도 그의 앞에 나타났다. 그녀는 인내와 노력을 들고 있었다. 헤라클레스는 고민 끝에 당장의 쾌락보다는 훗날 보람이 되는 미덕을 선택했다. 이른바 헤라클레스의 선택이다.

유혹은 그 속성상 일단 빠져들면 점점 커지고 강해진다. 빠져나오기 쉽지 않으니 욕심을 절제하고 가까이 가지 않는 것이 좋다.

빈둥빈둥 시간을 보내봐라

빈둥거린다는 것의 사전적 의미는 아무 것도 하는 일 없이 게으름만 부린다는 것이다. 특별히 하는 일이 없다는 점에선 여유와 비슷하지만, 여유는 넉넉함이 있어 보기 좋은 것인데 반해 빈둥거리는 것은 '보기 싫은 게으름'이니 정반대의 뜻일 수도 있다. 그러니 빈둥거리는 것은 썩 나쁜 일이고 권할 게 안 되고 권해서도 안 될 일이다. 그러나 여기서 한번쯤 빈둥거려 보라는 건 머릿속을 송두리째 비우는 시간을 가져보라는 뜻이다. 의외로 힘들다.

빈둥빈둥은 정말이지 아무 것도 하지 않는 것이다. 그냥 시간을 잡아먹는 것이다. 일에 대한 생각은 당연히 금물이다. 생각을 하지 않을 뿐 아니라 아예 일이라는 걸 머릿속에 올려서도 안 된다. 차를 마시거나 책을 봐서도 안 된다. 그건 여유이지 빈둥빈둥이 아니다. TV도 보면 안 된다. 보고 있으면 절로 생각을 하게 된다. 몸은 물론 머리도 쓰면 안 된다. 가장 좋은 방법은 방바닥에서 하루 종일 뒹구는 것이다. 졸리면 자고 배고프면 먹고 다시 자고 또 먹고의 되풀이다.

걷는 것 정도는 해도 된다. 산책이 아니라 그냥 아무 생각 없이 걷는 것이다. 생각의 작은 가닥이라도 들어오려고 하면 머리를 세차게 저어야 한다. 절대 들어오지 않게끔. 경치를 힐끔거리는 건 괜찮지만 시인이 되어선 안 된다. 논리도 감성도 허용해선 안 된다. 집은 크든 작든 똑 같은 집이고 나무는 이 나무든 저 나무든 똑같은 나무여야 한다.

몸도 마음도 꼼짝 없이 보낸 하루가 짧았다면 일이든 사회생활이든 가정생활이든 일상사에 치여 살고 있다는 증거다. 과도한 스트레스 등으로 머리가 깨질 것 같은 상황. 억지로라도 휴식을 취해야 하는 시점이다. 그렇게 보낸 하루가 길기만 했다면 일 중독증이다. 성공을 위해서든, 낙오하지 않기 위해서든 일에 파묻혀 산다는 증거다. 일에서 떠나 있으면 불안해지는 증세. 일을 멀리하고 지나 온 길을 한번쯤 되돌아보며 인생을 관조해볼 시점이다.

빈둥거림은 단지 그런 증거를 찾기 위한 시간은 아니다. 자신도 모르게 생각이 정리되어 있음을 알 수 있다. 머리를 비움으로써 머리가 맑아지는 것이다. 무념무상의 경지를 체험해보는 정도까지는 아니더라도, 그 효과는 집중함으로써 잡념을 없앴을 때와 비슷할 수 있다. 아무 생각 없이 낚시를 다녀왔는데도 머리가 맑아지는 이유는 순간적인 집중 때문이다. 이런저런 생각으로 머리가 복잡할 때라도 찌가 까딱까딱 움직일 때부터 고기를 잡아 올릴 때까지 꾼들은 오직 그것만 생각한다. 모든 잡념이 사라진 그 짧은 순간 자신도 모르게 얽힌 실타래가 정리되어 상쾌해진 것이다.

때로는 빈둥거리는 것이 열심히 하는 것보다 더 좋은 처방이 될 수 있다.

습관을 바꾸자, 오늘 하루만

나쁜 습관은 금방 몸에 밴다. 편안하기 때문이다. 그래서 바꾸자면 여간 힘들지 않고 두어 번 시도하다가 다시 익숙함으로 돌아가고 만다. 탄성의 법칙이다.

요즘 사람들의 화두인 살빼기를 보자. 수많은 보조제가 있고 방법이 나왔지만 다이어트의 요체는 덜 먹고 더 많이 운동하는 것이다. 힘들이지 않고 살을 뺄 수는 없다. 3일만에 포기하는 경우도 있지만 1주일은 그래도 하는 편들인데 위장이 제일 먼저 반항하며 유혹한다. 머릿속 의지는 여전하지만 자신의 몸을 동원해서 자신을 공격하므로 버티기가 힘들다. '남을 정복하는 사람은 영웅이지만 자신을 정복하는 사람은 위대한 사람'이라는 말처럼, 자기 자신을 이기는 것이야말로 정말 힘든 일이다.

《경향신문》이 석간에서 조간으로 전환했다. 석간은 낮에 일하고 조간은 밤에 일한다. 석간은 아침 6시에 출근해야 하지만 조간은 10시쯤 회사에 나가도 지장이 없다. 처음에는 석간 스타일로 일어나고 조간 스타일로 자면서 시간을 활용하자고 생각했다. 하지만 그 결심이 무너지는 데는 1개월도 걸리지 않았다. 대단한 걸 하지도 않으면서 유난 떨 필요가 있느냐며 내가 나를 설득한 결과였다.

병에 걸렸을 때 먼저 해야 할 일은 식습관과 생활습관을 바꾸는 일이다. 음식으로 고치지 못하는 병은 약으로도 못 고친다는 우리 선현들의 말씀도 있다. 고기를 좋아했던 사람은 채소류를 주로 먹고, 운동을 하지 않았던 사람은 부지런히 운동하면 병은 절로 물러난다. 그것이 어려워 병원신세를 지지만 근본적인 치유책은 아니다.

새로운 습관에 적응하자면 한 주, 한 달, 두세 달 만에 다가오는 옛 습관의 고비를 넘겨야 한다. 너무 길게 보면 숨 가쁘니 오늘 하루만 하자고 생각해보자. 방어 호르몬의 효과가 3일은 간다니 하루의 목표는 쉽지 않겠는가. 하루가 모이면 한 달이 되고 1년이 된다. 참기 힘든 고통도 차곡차곡 쌓이는 것이어서 시간이 길어지면 그만큼 힘들어지지만, 단 하루라면 그래도 홀가분하다. 일단 습관이 되면 탄력을 받는다.

6장

뻘짓을 하는 사람들의 7가지 습관

"무엇이든지 일을 할 때는 진심으로 전력투구해야 한다. 천 길 낭떠러지 위의 외나무다리를 걷는 것처럼. 한 발만 삐끗하면 큰 일이 나는데 그 순간에 딴 생각 하는 사람은 없다. 마지막 한 걸음을 남겨놓고 떨어져도 결과는 마찬가지다."

뻘짓을 하는 사람들의 7가지 습관

선택에 정도는 없다. 좋은 선택도 하기에 따라 나쁜 결과를 낳는다. 선택을 잘못했더라도 바로 고칠 수 있고 좋은 결과를 볼 수 있다. 같은 땅에 같은 씨를 뿌려도 수확량은 다르다. 농부의 정성이 결과를 좌우한다. 좋은 농부는 훌륭한 발육을 위해 많은 시간을 투자한다. 잡초를 뽑고 거름을 주며 아침, 저녁으로 철저하게 관리한다. 자신이 지금 가꾸고 있는 것이 무엇인지를 알고 어떻게 가꾸어야 하는지를 안다.

나쁜 농부는 별다른 노력을 하지 않는다. 더러 하늘의 도움으로 뜻하지 않은 결과물을 가지기도 한다. 햇빛, 바람, 비 등을 관장하는 하늘이 사람보다 더 큰 영향을 끼치므로 그럴 수도 있다. 하지만 그건 어쩌다 한 번뿐인 요행이고 요행을 바라는 농부는 대부분 흉작에 그치고 만다. 좋은 농부는 풀 한 포기에도 사랑을 쏟지만 나쁜 농부는 그저 무관심이다. 관심이 없으므로 허튼짓거리를 하게 되고 그 뻘짓은 결국 일을 허사로 만든다. 그래놓고 이유를 딴 것에 미루기까지 하는데 모든 결과는 '남 때문'이 아니라 '자기 때문'이다.

무엇이든지 일을 할 때는 진심으로 전력투구해야 한다. 천 길 낭떠러지 위의 외나무다리를 걷는 것처럼. 한 발만 삐끗하면 큰일이 나는데 그 순간에 딴 생각하는 사람은 없다. 마지막 한 걸음을 남겨놓고 떨어져도 결과는 마찬가지다.

그러나 미리부터 걱정할 일은 아니다. 한 걸음을 착실하게 떼어놓으면 무사히 다리를 건널 수 있다. 뻘짓을 하지 않는다면 말이다.

습관 1 | 소탐대실

큰 흐름을 보아야 한다. 대세에 지장 없는 작은 이익을 탐하다가 정말 원하는 큰 이익을 놓칠 수 있다.

전국시대 진나라의 혜왕은 지형이 험난하기로 유명한 촉 땅을 먹기 위해 꾀를 냈다. '황금 똥을 배설하는 소'를 존경하는 촉후에게 선물하고 싶은데 길이 없어 전할 방법이 없다는 소문을 냈다. 욕심이 많은 촉후는 신하들의 반대에도 불구하고 오직 황금 똥의 소를 가지기 위해 절벽 사이에 잔도를 설치하며 진의 사신들을 맞이했다. 그러나 그를 기다린 건 매복해 있던 진의 병사들이었고 그들은 간단하게 촉후를 사로잡았다. 주군을 잃은 촉은 속절없이 망하고 말았다.

그리스와 트로이의 10년 전쟁을 끝내게 한 '트로이의 목마'도 다르지 않다. 작지만 용맹했던 트로이는 그리스군이 만들어 놓은 아름다운 조각 목마를 성안으로 끌고 들어갔고 목마 속에 숨어 있던 그리스 병사들은 야밤에 뛰쳐나와 성문을 열었다. 트로이는 물밀듯 밀려드는 그리스군에게 너무도 손쉽게 무너졌다.

장자는 천하제일의 보물인 수후의 구슬隋侯之珠로 참새를 잡는 어리석음을 경계하며 사람의 삶은 귀한 야광주인 수후의 구슬보다 훨씬 더 귀중하다고 했다.

소탐대실은 보기 드문 예가 아니다. 누구든 눈앞에 이익이 있으면 우선 잡고 본다. 당장의 유혹을 뿌리칠 철학이 없고 그 이익이 더 크고 확실해 보이기 때문이다. 시간이 지난 뒤 다가올 보다 큰 이익은 불확실하다는 생각까지 겹치면 실수는 다반사이다. 스스로 경계해야 하는 것이다.

미국 소의 광우병이 문제되었을 때 나온 우스갯소리도 새겨들을 만하다. 소탐대실이란 '소를 탐하다가 대통령을 놓친다'는 것이었는데 재치 있는 말장난 정도로 넘길 일은 아니었다. 곁가지를 좇다가, 또는 상대적으로 덜 중요한 작은 일에 매달리다 보면 반드시 큰일을 그르친다.

습관 2 | 근시안

'근시안적'이라는 말은 동서고금을 통해 가장 빈번하게 사용되는 말 중의 하나가 아닌가 싶다. 하루를 보면 1년을 보지 못한다고 욕먹고, 1년을 바라보면 10년 후를 생각하지 못했다고 비난받으며, 10년을 내다보면 100년짜리 기획이 아니라고 비판한다. 과연 얼마나 멀리 봐야 근시안적이 되지 않을까.

기획하는 사람은 충분히 멀리 내다봐도 비판자의 입장에선 언제나 모자라기 때문에 정확하게 정의하기가 어렵다. 하지만 주어진 일 한 가지만 고려하면 대부분 근시안적이 되고 만다. 말을 빨리 달리게 하는 비결은 좌우를 보지 못하게 말의 얼굴 양옆에 가리개를 대는 것이다. 옆이 보이지 않는 말은 그저 앞만 바라보고 뛴다. 말이야 빨리 달리는 게 목적이니까 그것으로 그만일 수 있지만, 사람이 말의 좁은 시야를 가지면 되는 일이 없다.

환경이라는 것을 고려하지 않았던 시절, 갯벌을 농경지로 바꾸는 간척사업은 대단히 훌륭한 국책사업이었다. 언론마저 대한민국의 지도가 바뀐다며 난리를 쳤다. 그러나 갯벌이 만들어진 오랜 시간이나 갯벌의 생산성을 생각해보면 참으로 어리석고 근시안적이었다.

강물이 굽이굽이 돌고, 하천이 이리저리 돌아 나쁘다며 그것을 곧바로 펴는 일을 한동안 했다. 쭉 뻗은 물길은 보기에도 시원했고 사람들은 이제 홍수 날 일 없겠다며 좋아했다. 그러나 강물이 굽은 것은 다 이유가 있다. 굽은 강물은 수천 수만 년의 경험이 녹아 자연적으로 형성된 것인데, 그래야 물난리를 피할 수 있는 것이었다. 근대화사업 한답시고 마구잡이로 몰아붙인 근시안적 행정의 대표적인 사례들이다.

근시안적인 사람은 멀리 볼 생각을 하지 않는다. 눈앞의 작은 이익이 먼저 들어오기 때문이다. 미처 생각을 못해 그러는 경우도 있겠지만 알면서도 과실을 빨리 수확하려고 그러는 경우가 더 많다. 높은 곳에 올라 멀리 보지 않으면 결국 먹을 것도 적고 필경 일을 망치고 만다. 눈앞만 보고 걷다보면 좌우의 아름다운 풍경을 볼 수 없다.

좁은 숲길을 따라 가다보면 길을 잃기 쉽다. 눈앞만 보기 때문이다. 길의 끝이 어딘지 알고 길을 가야 한다. 동서남북의 큰 줄기를 파악해야 혹시 길을 잘못 들어도 다시 길을 잡을 수 있다. 나무만 보다가 숲을 못 보면 당초 목표했던 것을 잊어버리고 눈앞의 작은 이익을 쫓다가 대사를 망칠 수 있다. 그래서 근시안과 소탐대실은 남매지간인 것이다.

통통배를 타고 바다낚시를 해 본 사람은 안다. 낚싯줄을 던지고 거기에 시선을 주느라 배 밑 바다를 보고 있으면 곧 멀미가 난다. 일렁이는 물결처럼 뱃속도 울렁거리고 머리도 울렁거려 어지럼증을 느끼게 된다. 한번 멀미가 나면 참기 어렵다. 멀미로 심하게 괴로워하는 그 한 사람 때문에 배를 돌려야 하는 경우도 있다.

멀리 수평선을 바라보면 바다는 그림처럼 아름답고 평온하다. 가볍게 움직이는 배안에서 눈을 감고 있으면 마치 안락의자에 앉아 있는 것처럼 기분 좋은 편안함을 느낄 수 있다. 고기가 무는 것은 낚싯줄을 잡은 손으로 느끼면 된다. 눈으로는 풍경을 보며 더 많은 것을 구상하고 손으로는 파르르 하는 진동감을 맛볼 수 있으니 망외의 소득까지 얻을 수 있다.

생각이 짧아서도 안 되지만 계획 역시 짧게 잡으면 일을 망치기 쉽다. 시작할 때 마음의 눈으로 끝을 볼 줄 알아야 하고 적어도 3년, 5년, 7년 그 이후를 내다보고 큰 발걸음을 옮겨야 한다. 지나보면 별 생각 없이 한 그날의 선택이 한참 뒤 생각지도 않은 곳에서 나타나는 경우를 발견하게 된다. 높이 나는 새가 멀리 보고 멀리 보는 새가 많은 걸 얻을 수 있다.

습관 3 | 부화뇌동

줏대가 없다. 자기 생각이나 주장 없이 '팔랑귀'가 되어 이리 쏠렸다 저리 쏠렸다 하다가 국 쏟고 발까지 덴다. 일이 잘못 끝나면 기준이나 원칙 없이 실행한 자신을 탓하는 대신 너 때문에 망쳤다는 말만 무수히 되풀이한다.

17세기 네덜란드에선 튤립이 투기의 대상이었다. 때마침 발간을 시작한 신문이 연일 튤립 이야기를 쏟아냈다. 튤립의 가격이 갈수록 오르자 튤립은 일약 귀하신 몸이 되었다. 인기 있는 튤립 한 뿌리의 가격이 집 한 채 값을 호가했다. 사람들은 영문도 모른 채 튤립을 사재기 시작했다. 왜 그것이 그렇게 비싸야 하는지에 대해선 알려고 하지도 않았다.

천정부지로 치솟던 튤립은 어느 날 갑자기 매기가 뚝 끊겼다. 사람들은 저마다 튤립을 팔아치우려고 난리를 피웠고 가격은 당연히 폭락했다. 소 한 마리 값이었던 튤립이 송아지 다리 한 개 값도 되지 않았다. 뒤늦게 집 팔아 튤립을 사며 부화뇌동했던 사람들은 하루아침에 거지가 되었다. 소위 '튤리포마니아Tulipomania'라는 것이다.

우리네 부화뇌동은 항상 도를 넘는다. 주식바람이 불면 주식을 하고 부동산이 좋다고 하면 부동산으로 몰리고 어쩌다 언론에서 뭐가 좋거나 나쁘다고 하면 온 나라가 휩쓸려 다닌다. 사촌이 땅을 사면 배가 아파서 따라하고 이웃이 기러기가 되면 나도 기러기가 되어야 한다. 자신의 능력이나 상황은 전혀 문제로 삼지 않는다. 가랑이가 찢어지는 한이 있더라도 남이 하면 일단 하고 보는데, 실제로 가랑이가 찢어진다. 땅 덩어리가 좁아 소문이 빨리 퍼져서인가 늘 양은냄비 속의 죽 끓듯 한다.

누군가 뭔가로 재미를 보았다면 그 사람은 나름대로 전문적인 지식을 축적한 후 과실을 딴 것이지만 부화뇌동형은 그 경과를 보지 않는다. 결과만 보고 그가 하면 나도 할 수 있다고 덤비고 아마추어들끼

리 서로 어울려 수렁 속으로 빠져 들어간다. 대박을 꿈꾸다가 쪽박을 차고 상투를 잡고 막차를 탄다. 신드롬, 열풍, 묻지마 같은 말이 유행어처럼 번지는 이유이다.

다른 사람의 생각에 휩쓸리지 않고 본질을 직시하는 것이 부화뇌동하지 않는 비결이지만, 대부분의 사람들이 다른 사람의 생각이 옳은 것 같으면 어느새 자기의 생각으로 둔갑시켜 일단 뛰어들고 보니 어찌 좋은 결과를 바랄 수 있겠는가. 따라다니기만 하면 결코 앞설 수 없다.

습관 4 | 머뭇거림

바람이 부는가 불지 않는가를 살피다가는 씨를 뿌리지 못하고, 구름을 쳐다보다가는 거두지 못한다. 머뭇거림에 대한 구약성서의 교훈이다.

막상 하자고 해놓고도 망설이는 것은 좋지 않다. 일단 일을 벌이기로 했으면 빠르게 진행해야 한다. 결과는 바로 그때 결정된다. 주저하고 머뭇거리면 실패하고 망설이지 않으면 그만큼 성공의 확률은 높다.

머뭇거리는 것은 사실 자신이 없기 때문이다. 프로야구의 도루왕들은 일단 도루하기로 마음먹으면 무조건 뛴다. 축구의 골잡이들도 기회를 잡으면 지체 없이 골문을 향해 공을 날린다. 잘못되면 어쩌지 하고 머뭇거리는 짧은 그 순간 때문에 도루에 실패하고 골 사냥에 실패한다.

비즈니스도 마찬가지다. 사람의 머리는 비슷비슷하다. 시대의 흐름에 따라 아이디어가 들고 나는데 좋은 기획을 해놓고도 머뭇거리다가 다른 사람에게 선수를 빼앗기고 땅을 치는 경우가 허다하다. 선택까지는 좌우를 살피며 신중을 기해야 하지만, 선택이 끝나면 시간을 끌지 말아야 한다. 우유부단은 기회를 놓치는 첩경이다. 기회는 결코 사람을 기다리지 않는다.

우리의 고민은 어떤 일을 시작했기 때문에 생기는 것이 아니다. 할까 말까 망설이는 데서 더 많이 생긴다. 이것도 아니고 저것도 아니고 하면서 오래 생각하는 것은 문제해결에 도움이 되지 않는다. 성공하고 못하고는 하늘에 맡기면 된다. 모든 일은 머뭇거리는 것보다 불안전하더라도 시작하는 것이 한걸음 앞서는 것이 된다. 논리적인 행동 철학자 러셀의 조언이다. 머뭇거리고 우물쭈물하다가는 눈앞의 것마저 빠른 사람에게 뺏긴다.

습관 5 | 중도포기

"그때 조금만 더 할 걸."

포기한 사람들이 늘 하는 말이다. 이미 실패한 뒤니 후회한들 소용없다. 그러나 이런 사람들은 다음에 또 포기하기 쉽다. 한번도 성공을 못해봤기에 성취감이라는 걸 모르기 때문이다. 마음먹은 일이라도 끝까지 하기란 물론 쉬운 일이 아니다. 크든 작든 고비는 있는 것이건만 조금만 힘들어도 포기하고 만다. 꼭 하고 싶은 일이 아니었다든가, 이렇게 해서 성공하면 또 뭐할 것인가, 이 시간에 다른 걸 새로 시작하는 것이 낫겠다 등 포기해도 좋을만한 이유를 스스로 만들면서. 이런 사람들을 위해 미국 작가 해리엇 비처 스토우가 한 말이 있다.

"힘겨운 상황에 처하고 모든 게 장애로 느껴질 때, 단 1분도 버틸 수 없다고 느껴질 때, 그때야말로 포기해서는 안 된다. 바로 그런 시점과 위치에서 상황은 바뀌기 시작한다."

육사시험에 두 번 떨어졌을 때 포기했다면 강한 영국을 이끌고 노벨문학상을 받은 처칠은 없었을 것이다. 하는 일마다 실패할 때마다 다만 미끄러졌을 뿐이라며 계속 외길을 가지 않았다면 대통령 링컨은 없었을 것이다. 칼에 찔리고 죽음에 직면할 때마다 숨 쉴 수 있는 한 절대 포기하지 않겠다고 외치지 않았다면 세계를 정복한 칭기즈칸은 없었을 것이다. 세상의 모든 잘난 사람들은 대개 포기라는 걸 모른다. 보통사람들도 뜻이 강하면 잘 포기하지 않는다.

김응룡은 7, 8회에 크게 지고 있어도 절대 그날의 경기를 포기하지 않았다. 감독이 포기하면 선수들도 포기하고, 그렇게 포기하는 게 이어지면 약팀이 된다는 것이 그의 지론이다. 끝나야 끝나는 것임을 그는 경험칙으로 알고 있다. 약팀은 보통 초반에 실점을 하면 포기하고 만다. 그냥 포기하는 것도 아니다. 헛힘 쓰지 말고 다음을 위해 체력을 비축한다는 핑계를 댄다.

사실 포기하면 편하다. 때문에 많은 사람들이 실패를 맛보거나 실패할 듯싶으면 포기한다. 편하긴 하지만 대신 얻는 것도 없다. 가다가 가지 않으면 아니 감만 못하다. 더러는 간 만큼 이익일 때도 있지만 모두 헛일이 되기 때문이다.

마음먹고 다이어트를 시작했지만 지루하고 괴로운 고비를 넘기지 못하고 그만 두면 살은 시작 전보다 더 붙는다. 많은 돈을 들여 기껏 사업을 시작했다가 포기하면 한 만큼 손해다. 금연도 하루 이틀이나 한 달 정도 하고 말면 도움 되는 게 없다. 포기도 자주 하면 습관이 된다.

포기는 곧 끝이다. 실패는 만회하고자 하면 새로운 출발점이지만 포기는 종착역이다. 자포자기는 일을 그르칠 뿐 아니라 몸과 마음까지 못쓰게 만든다. 인생은 실패할 때 끝나는 것이 아니라 포기할 때 끝난다고 하지 않던가.

포기하지 마라. 처칠이 옥스퍼드대학 졸업식에서 한 첫 마디였다. 청중들이 다음 말을 기다리자 처칠은 한 번 더 크게 말한다. 절대, 절대, 절대, 절대, 절대, 절대, 절대 포기하지 마라.

습관 6 | 조급증

국화는 3월에 벌써 초록 잎을 매단다. 매화나 철쭉보다 늦지 않다. 5월 장미나 모란보다 빠르다. 여름 능소화는 그때까지 기척도 없다. 곧 꽃을 피우려니 기다려도 잎만 매단 채 감감 무소식이다. 매화는 이미 열매를 달았고 능소화도 장맛비에 꽃을 다 떨어뜨렸어도 국화는 그대로다. 이놈은 그냥 풀이겠거니 하고 잊고 있으면 그때 꽃을 피운다. 9월을 넘기고 10월이 되어서야 홀로 뜨락을 거닌다. 서정주 시인이 〈국화 옆에서〉에서 노래한 그대로다. 서릿발이 심한 추위 속이라 더욱 돋보인다.

기다리면 꽃 피울 것을 국화를 믿지 않고 혹시 영양이 부족한가 싶어 물을 자주 주면 죽고 그냥 풀인가 싶어 뽑아버리면 '이제는 돌아와 거울 앞에 선 내 누님 같은 꽃'을 보지 못한다.

기다림은 여유다. 그럴 때 약이 된다. 짜증내고 분노하고 조급증을 내면 독이 된다. 다시 한 번 주변을 살펴보면서 힘을 모아야 한다. 기다릴 수 있으면 많은 걸 얻을 수 있다. 매미는 여름날 고작 한 달을 산다. 부화하는 데 1년, 땅속에서 애벌레로 6년. 꼬박 7년을 기다렸으니 신나게 울어 젖혀도 나무랄 일이 아니다. 어떤 놈은 17년이 걸린다. 껍질을 벗어던지고 금빛 매미로 태어나는 금선탈각이다.

조급증은 일종의 병이다. 일을 망치는 것은 기본이고 몸과 마음까지 멍들게 한다. 우물가에선 숭늉을 먹을 수 없다. 물을 떠서 밥을 지어야 하고 밥을 퍼낸 후 눌은밥에 다시 물을 붓고 그것이 끓어야 숭늉이 만들어진다. 아주 작은 일도 그렇게 단계를 밟아야 하는 것이고 일을 하면서 기다려야 한다.

기다림도 중요한 과정인데 성적을 내기위해 너무 서두르는 게 병폐다. 급하다고 한두 개의 과정을 생략하면 빨리는 될지 몰라도 부실로 이어진다. 성수대교가 그렇고 삼풍백화점이 그렇고 준공하자마자 보수공사에 들어가는 수많은 고속도로가 그렇다.

새가 울지 않는다고 죽여 버린 오다 노부나가, 울게끔 노력하지만 그래도 울지 않으면 베어 버리는 도요토미 히데요시, 새가 울 때까지 기다린 도쿠가와 이에야스. 최종 승자는 끝까지 기다린 도쿠가와 이에야스였다.

빨리빨리와 조급증은 다르다. 빨리빨리는 서둘러서 일을 하는 것이지만 조급증은 침착함을 잃고 안달복달하며 턱없이 서두르는 것이다. 급하다고 열 걸음을 한번에 내딛을 수 없는 것이고 불안, 초조 속에서 급히 갈수록 오히려 더 늦는다. 기다림, 느림의 미학을 즐기는 여유가 필요하다. 그래야 볼 수 있다. 고은 시인의 '그 꽃'을.

내려갈 때 보았네

올라갈 때 보지 못한

그 꽃

습관 7 | 형세착오

우리는 흔히 보고 싶은 것만 본다. 인간은 누구나 자기중심적이라서 심하게 나무랄 일도 아니다. 하지만 국가적 사안에서 보고 싶은 것만 보고 형세를 잘못 읽으면 엄청난 불행을 자초한다.

일본을 통일한 도요토미 히데요시는 조선 정벌의 음모를 꾸미고 있었다. 그는 대마도 도주에게 자신의 뜻을 밝히고 준비하도록 했다. 놀란 대마도주는 조선에 통신사 파견을 요청했다. 도요토미 히데요시의 그릇된 야욕을 막기 위한 우회 전략이었다. 그는 조선통신사가 일본의 상황을 파악할 것으로 예상했다.

그러나 우여곡절 끝에 파견된 통신사의 판단은 엇갈렸다. 정사인 황윤길은 왜가 반드시 침략할 것이라고 했으나 부사인 김성일은 그런 기미를 전혀 발견하지 못했다고 보고했다. 그에 따라 조정의 의견도 엇갈렸다. 동인과 서인의 패싸움이 되다시피 했고, 결국은 당시 득세하고 있던 동인측 김성일의 판단을 채택했다. 김성일이나 조정 모두 전쟁을 두려워하면서 보고 싶은 것만 본 결과였다. 그들의 왜곡된 판단으로 조선은 왜의 말발굽에 유린당했다.

팔은 안으로 굽는다. 객관적인 판단이 당연히 어렵다. 그래서 형세를 잘못 읽게 된다. 프로복싱이 한창 인기 있던 시절 세계타이틀전이 열리면 라디오는 열을 올렸다. TV중계를 보기 힘들었던 그때는 라디오가 소식을 제대로 알 수 있는 유일한 도구였다.

"고국에 계신 동포 여러분"으로 시작되는 중계를 들으며 청취자들은 대부분 우리 선수가 이겼다고 판단했다. 아나운서가 시종 우리 선수가 쉴 새 없이 주먹을 날린 것으로 떠들었으니 당연한 것이었다. 하지만 결과는 우리 선수의 패배였다. 아나운서는 심판의 불공정을 들먹였고 신문들도 우리 선수의 억울한 패배를 대서특필했다. 하지만 그날의 시합은 우리 선수의 완패였다. 아나운서가 오가는 주먹을 따라잡지 못하게 되자 주로 우리 선수의 주먹만을 중계했다. '애국적 아나운서'는 자신의 형세착오 실수를 그렇게 위장했다.

눈의 착각, 귀의 착각, 마음의 착각을 바로잡을 수 있는 것은 객관적인 잣대를 가지는 것이다. 정확하게 판세를 읽을 수 있는 객관적인 잣대로 일을 추진해야 목적한 바를 이룰 수 있다. 누구나 흔히 저지르는 실수지만 그 실수가 치명타가 될 수 있기에 문제가 된다. 근거 없는 두려움을 떨치고 보고 싶지 않은 것까지 보면서 나타난 형세를 바로 보는 것, 그것이 일을 성공시키는 비결이다

에필로그

후회 없는 선택

힘들다. 힘들지 않은 것은 단 한 가지도 없다. 쉬워 보이는 것도 자주, 또는 많이 해봤기 때문에 쉬워진 것일 뿐이다. 빠르고 느리고의 차이는 있지만 뜀박질 자체를 힘들게 생각하지는 않는다. 어느 날 그냥 뛰게 되었으니까.

하지만 어머니 뱃속에서 나와 뛰어다니게 될 때까지의 과정은 결코 쉬운 게 아니다. 제대로 한 번 뒤집기 위해 뒤채임을 수없이 반복했고 기기 위해, 걷기 위해, 뛰기 위해 수많은 실패를 하며 십여 년의 시간을 보냈다. 커가는 과정에서 당연히 겪는 것들이라 그러려니 하고, 머리보다는 몸으로 익히는 것이라서 미처 기억을 못하는 탓이지 그냥 그리 된 것은 아니다. 자신은 모르지만 어머니들의 머릿속에는 그래서 언제 몸을 뒤집었고 어떻게 걷게 되었고 그러기 위해서 얼마나 많이 울고 다쳤는지가 뚜렷하게 남아있다.

우는 아이, 무릎이 깨진 아이를 보면서도 어머니들은 기어코 아이에게 걸음마를 시킨다. 안쓰러워하면서, 속상해하면서도 자꾸자꾸 되풀이시킨다. 정이 없어서일까. 모질어서일까. 당연히 아니다. 걷지 않고 뛰지 않으면 세상을 살아갈 수 없어서이다.

어머니 품속에서 유년기를 보낸 후 어느 정도 숙성기간을 거쳐 맞이하는 성년기.

두 배는 힘들다. 몸뿐 아니라 머리까지 온통 써가며 세상사는 법을 익혀야 하기 때문이다. 무엇을 선택하라는 사람도 없고 어떤 선택을 하라고 가르쳐 주는 사람도 없고 실패할 시간적, 공간적 여유도 많지 않기 때문이다.

그러나 어릴 때 단지 일어서기 위해 되풀이했던 실패와 과정들을 생각하면 무엇인가를 선택하고 그것을 이루기 위해 노력하는 일은 그리 힘든 것도 아니다. 길 수 있을 때까지 아무 생각 없이 똑같은 행동을 하고 또 하고, 일어설 때까지 두려움 없이 도전하고 또 도전하며, 뛸 수 있을 때까지 피하지 않고 힘을 모으고 끈질기게 계속한다면 말이다.

그 노력의 끝은 아마도 날게 되는 것이리라. 그래서 정상에도 훌쩍 오르고 다른 사람의 부러움이나 존경을 받을 수도 있겠지만 산다는 것의 목적이 반드시 날아야 하는 것만은 아니니 무작정 얽매일 필요는 없지 않은가 싶다. 100미터 레이스는 직선주로를 빨리 달려 가장 먼저 결승선을 통과해야 하지만 인생 레이스는 빠르게 달리는 것만이 능사는 아니다. 천천히 걸어서 들어갈 수도 있고 빙 돌아 먼 길을 택할 수도 있는 일이다.

인생은 순위를 매겨 금, 은, 동의 메달을 수여하는 단순한 달리기가 결코 아니다. 먼저 올라갔다고 이기는 것이 아니고 먼저 도착했다고 해서 무조건 승리의 헹가래를 쳐주는 그런 레이스도 아니다. 인생 레이스는 결과 못지않게 과정이 중요하고, 실패한 결과도 아름다운 과정을 거쳤다면 얼마든지 존경받을 수 있는 복잡한 레이스이다.

물론 결과도 좋고 과정도 훌륭하다면 더할 나위 없겠지만 설혹 정상에 도달하지 못했더라도, 다른 이들보다 훨씬 늦게 도착했더라도 최선을 다하고 열심히 살았다면 그건 다른 사람의 결과와는 전혀 관계없이 금메달이다.

그 메달은 주최측이라는 게 따로 있어서 주는 것이 아니다. 다른 사람들의 평가가 중요한 요소이긴 하나 꼭 거기에 매달려야 하는 일은 아니다. 스스로 잘 살았다고 생각하면 죽음에 이르렀을 때 자신에게 금메달을 줘도 된다. 자기 자신에게 그 인생은 하나밖에 없는 인생이니 후회 없는 선택을 했다면….

인생은 매순간 힘든 선택의 연속이지만 그리 힘든 것만은 아니다.

이 책에 나오는 사람들은 대부분 기자생활을 하면서 만났던 사람들이다. 모두들 쉽지 않은 선택을 했고 꽤나 고생스러운 여정을 거쳤지만 못 견디게 힘들었노라고 털어놓은 사람은 없었다. 이미 지나온 삶에 대한 회고여서 그럴 수도 있고 목적한 바를 이룬 덕분일 수도 있겠지만 뜻을 세우고 도전하는 일, 실패한 후 또 도전해서 반전을 이루는 과정이 참 즐거웠다고 했다. 더러 그만두고 싶었던 때도 있었지만 다 왔으니까 힘든 법이라고 생각하면서 남은 길을 마저 오르면 기쁨이 더 컸다고도 했다.

그렇지만 그들 역시 100퍼센트 만족하고 있지는 않았다. 가지 않은 길에 대한 미련이 있었고 목적을 이루고야 말겠다는 의지 때문에 너무 숨 가쁘게 산 것은 아닌가 하는 후회를 하기도 했다. 이룬 자의 여유가 배어 있긴 하지만 꼭 그런 것만도 아니다. 정말 원하는 한 가지를 가지려면 가지지 못하는 또 한 가지가 있게 마련이고 한눈 팔지 않고 급하게 산마루에 오르다 보면 곁눈질로 볼 수 있는 많은 것을 놓칠 수밖에 없는 것이 세상 이치니까.

인생살이에 정답은 있을 수 없다.

급행열차를 탈 수도 있고, 완행열차를 탈 수도 있고, 자전거를 탈 수도 있고, 걸어갈 수도 있다. 빠르기야 단연 급행이고 가장 먼저 목적지에 도착해서 더 많은 일을 할 수 있을 것이고 피로감도 덜할 터. 그러니 목적지 도착의 관점에서 본다면 급행열차가 정답이다. 하지만 가는 길목의 아름다운 풍경을 가장 많이 보는 쪽은 천천히 걷는 쪽이다. 힘은 훨씬 많이 들고 비슷비슷한 풍경이 지겨울 수 있지만 그것을 탓하지 않을 뿐 아니라 열차 타고 가는 사람을 부럽게 보거나 가는 길 내내 괴로워하거나 조급해하지 않는다면 그 또한 정답이 될 수 있다.

인생살이는 시속 몇 킬로미터인가로 따질 수 있는 문제는 아니다. 인생길의 선택은 더하기, 빼기, 곱하기, 나누기로 계산할 수 있는 문제 역시 아니다. 결과물, 과정, 가치관 등이 복잡하게 얽혀있는 복잡한 수식이다.

우리의 한평생을 어찌 한 장의 손익계산서로만 셈할 수 있는가.

인생의 고비에서 망설이게 되는 것들

초판 1쇄 발행 2011년 9월 28일

지 은 이 이영만

펴 낸 이 최용범
펴 낸 곳 페이퍼로드
출판등록 제10-2427호(2002년 8월 7일)
서울시 마포구 연남동 563-10번지 2층

기 획 고경문, 남도현, 고동균
편 집 이송원, 김남희
사 진 허윤기
마 케 팅 윤성환
경영지원 임필교

이 메 일 book@paperroad.net
홈페이지 www.paperroad.net
커뮤니티 blog.naver.com/paperoad
Tel (02)326-0328, 6387-2341 | Fax (02)335-0334

I S B N 978-89-92920-61-2 03320

· 책값은 뒤표지에 있습니다.
· 잘못 만들어진 책은 구입하신 곳에서 바꾸어 드립니다.